Konflikte in der Grundschule -

Gemeinsam mit den Kindern lösen

von

Steffanie Rosenhahn

Tectum Verlag
Marburg 2004

Rosenhahn, Steffanie:
Konflikte in der Grundschule -.
Gemeinsam mit den Kindern lösen.
/ von Steffanie Rosenhahn
- Marburg : Tectum Verlag, 2004
ISBN 978-3-8288-8708-4

© Tectum Verlag

Tectum Verlag
Marburg 2004

Ich möchte dieses Buch meinen
Eltern widmen, denen ich soviel verdanke,
und meinem Sohn Erik

Inhaltsverzeichnis   Seite

Vorwort 6

Teil I Konflikte in der Grundschule

1. Was sind Konflikte? 9

1.1. Begriffsbestimmung 9

1.2. Konfliktverlauf 12

1.3. Funktion von Konflikten 17

2. Auf welche Konflikte treffen wir in der Grundschule? 19

2.1. Konflikte unter Kindern 20

    2.1.1. Einflüsse der Altersstufe auf das Verhalten in Konfliktsituationen ... 22
    2.1.2. Einflüsse des Geschlechts auf das Verhalten in Konfliktsituationen. 27
    2.1.3. Wie die Gegenwart anderer das Verhalten in Konflikten ändert ... 29

2.2. Konflikte zwischen Lehrer und Kindern 30

    2.2.1. Konflikte die auf einer gestörten Beziehung zwischen Lehrer und Schüler beruhen 30
    2.2.2. Konflikte, die darauf beruhen, dass Schüler die Anweisungen des Lehrers nicht oder nur teilweise erfüllen 32

3. Wie wird ein bestimmtes Konfliktverhalten erlernt? 33

4. Wie kann man mit Konflikten umgehen? 37

4.1. Flucht als mögliche Reaktion auf Konflikte 38

4.2. Kampf als mögliche Reaktion auf Konflikte 38

4.3. Verständnis und Verständigung als mögliche Reaktionen in Konflikten..... 40

5. Was bedeutet konstruktive Konfliktbewältigung? 41

5.1. Begriffsbestimmung 41

5.2. Zehn Grundsätze der konstruktiven Konfliktbewältigung 41

Teil II Trainingsmöglichkeiten in der Grundschularbeit: „Konflikte konstruktiv lösen lernen"

6. Grundlegende Überlegungen 43

6.1. Bausteine und wichtige Aspekte des Trainings für Lehrer 46

6.2. Bausteine und wichtige Aspekte des Trainings für Schüler 47

6.3. Zur praktischen Durchführung des Trainings 48

7. Lehrer lernen konstruktive Konfliktbewältigung 49

7.1. Baustein 1: Die Beziehung zu den Schülern verbessern 49

7.2. Baustein 2: Unterrichtsgestaltung 58

7.3. Baustein 3: Effektive Kommunikation 61

7.4. Baustein 4: Konstruktive Konfliktbewältigung 73

    7.4.1. Eigene Konflikte mit Schülern bewältigen 73
    7.4.2. Auf Konflikte zwischen Schülern reagieren 74

7.5. Baustein 5: Umgang mit unangemessenem Schülerverhalten 81

7.6. Baustein 6: Elternarbeit 82

8. Schüler lernen konstruktive Konfliktbewältigung 84

8.1. Baustein 1: Identitätsentwicklung 84

8.2. Baustein 2: Gefühlsbildung 97

8.3. Baustein 3: Kooperation und gegenseitige Achtung 128

8.4. Baustein 4: Kommunikation 134

8.5. Baustein 5: Konstruktive Konfliktbewältigung 160

Schlussbemerkungen 173

Literaturverzeichnis 175

Vorwort

Überall dort, wo Menschen miteinander leben, gehören Konflikte zum Alltag, so auch in der Grundschule. Oftmals stellen sie dort sowohl für Kinder als auch für Erzieher und Pädagogen besondere Herausforderungen dar.

Nicht selten werden Konflikte als etwas Negatives betrachtet, da sie in der Schule einerseits das Unterrichtsgeschehen stören und andererseits durch ungeeignete Formen der Konfliktaustragung zu einer Störung der Beziehungen zwischen Personen führen können. Viele Kinder und durchaus auch einige Pädagogen haben bisher nicht gelernt, mit Konflikten konstruktiv umzugehen. Häufig werden Konflikte in der Schule entweder vermieden und unterdrückt oder sie werden als Nullsummenspiele ausgetragen, wobei man entweder gewinnt oder verliert. Bei letzterem Konfliktverhalten geht es um die Sicherung von Überlegenheit und Macht, wobei oftmals nicht vor der Androhung oder dem Einsatz von Gewalt zurückgeschreckt wird.

Aufgabe der Schule ist es aber, das soziales Lernen zu fördern und die Kinder zu befähigen, mit Konflikten friedlich umzugehen. Sie sollen auf das Leben in einer demokratischen Gesellschaft, in der es eine Vielfalt von unterschiedlichen Interessen und Bedürfnissen und damit auch zahlreiche Konflikte gibt, vorbereitet werden.

Mein Anliegen ist es daher, in diesem Buch aufzuzeigen, wie Konflikte als etwas Positives betrachtet werden können und welche Chancen sie für die Persönlichkeitsentwicklung der Schüler bergen. Besonders wichtig war es mir, konkrete Möglichkeiten zu erarbeiten, wie Lehrer und Schüler lernen können, mit Konflikten konstruktiv umzugehen.

In dem ersten eher theoretischen Teil werde ich näher darauf eingehen, was wir unter ‚Konflikten' verstehen, welche Konflikte in der Grundschule eine besondere Rolle spielen und welches Konfliktverhalten Schüler und Lehrer in der Regel zeigen. Ebenso werde ich Überlegungen anstellen, wie ein bestimmtes Konfliktverhalten erlernt wird, um daraus Schlussfolgerungen für notwendige Erziehungsmaßnahmen zu ziehen. Ausgehend von Kritikpunkten zur gegenwärtigen Erziehung und von theoretischen Überlegungen zur Entstehung eines bestimmten Konfliktverhaltens werde ich zum Abschluss dieses Teils die Grundlagen einer konstruktiven Konfliktbewältigung, als anzustrebende Alternative darstellen.

Im zweiten Teil werde ich Möglichkeiten aufzeigen, wie Lehrer zu einem vertrauensvollen Verhältnis zwischen sich und den Schülern beitragen und selbst ein konstruktives Konfliktverständnis entwickeln können. Ebenso wird es darum gehen, wie Kinder in der Grundschule prosoziale Verhaltensweisen aufbauen und damit in einem konstruktiven Sinne konfliktfähig werden können. Für die Umsetzung dieser Ziele habe ich ein Training erarbeitet, das auf der Grundlage der Prinzipien zur konstruktiven Konfliktbewältigung und des sozialen Lernens beruht und konkrete Anleitungen, Übungen und Spiele beinhaltet.

Teil I Konflikte in der Grundschule

1. Was sind Konflikte?

1.1. Begriffsbestimmung

Etymologisch gesehen stammt der Begriff ‚Konflikt' vom lateinischen Verb *confligere* ab, was *zusammenstoßen* oder aber auch *zusammenschlagen, kämpfen* bedeutet. Im heutigen deutschen Sprachgebrauch hat sich die Bedeutung nicht wesentlich gewandelt und dennoch ist die Verwendung des Begriffs nicht eindeutig.
Seit den 60er Jahren des 20. Jahrhunderts hat das Interesse an und das Reflektieren über soziale Konflikte[1] stark zugenommen. Ebenso scheint es auch eine Zunahme an Konflikten und Spannungen in gesellschaftlichen Bereichen zu geben. Dieses hatte eine, wie Glasl (1999, S.12) behauptet, „bedenkliche Inflation des Konfliktbegriffs" zur Folge. Auch Beck & Schwarz sprechen mit Bezug auf Ruschel von einem „inflationistisch verwendeten 'Plastikwort' (*Ruschel* 1990) der Alltagssprache, [...] von schwammiger Gestalt, mehr verwirrend als erklärend und vielseitig verwendbar." (*Beck & Schwarz* 1995, S.21). Vor allem die Medien der Massenkommunikation stürzen sich zunehmend auf neue Sensationen und dramatisieren bereits kleinere Meinungsverschiedenheiten als schwere Konflikte, was den Umgang mit dem Begriff erschwert.
In der heutigen Zeit wird Konflikt sehr häufig mit Begriffen wie Aggression, Kampf oder Gewalttätigkeit assoziiert, wie es die Übersetzung des lateinischen Wortes vielleicht auch herausfordert. Das betrifft sowohl den Gebrauch in Alltagssituationen, wie auch den in wissenschaftlichen Publikationen. Diese Assoziationen sind aber nicht bestimmend für einen Konflikt an sich. Sie bezeichnen meiner Meinung nach eher (ungeeignete) Mittel der Konfliktaustragung.

Selbst in der wissenschaftlichen Literatur sind keine einheitlichen Darstellungen einer Definition für soziale Konflikte zu finden.
Berlew (1977) und **Dahrendorf** (1961) gehen beispielsweise von einem sehr weit gefassten Konfliktbegriff aus. Sie bezeichnen schon jede Beziehung, deren Elemente sich gegensätzlich gegenüberstehen, als Konflikt (vgl. *Glasl* 1999).
Auch **Rosenstiel** (1980) spricht schon beim Vorliegen reiner Gegensätzlichkeiten, hier allerdings begrenzt auf „unvereinbare Handlungstendenzen", von einem Konflikt. (vgl. a.a.O., S.13).

---

[1] Begriffsbestimmung „sozialer Konflikt" siehe unter Punkt 2.

Coser definiert ‚sozialen Konflikt' dagegen schon 1968 als „Kampf um die Werte oder Statusansprüche, um Macht und knappe Ressourcen, in dem die Ziele der streitenden Parteien sich nicht nur auf die Erreichung der begehrten Werte beziehen, sondern auch auf die Neutralisierung, Verletzung oder Beseitigung ihrer Rivalen. Solche Konflikte können zwischen Individuen, zwischen Kollektiven oder zwischen Individuen und Kollektiven ausgetragen werden."(*Coser* 1968, zit. aus *Wulf* 1989, S.337). Er beschränkt Konflikt also nicht nur auf das Vorhandensein gegensätzlicher Motive, sondern ist der Auffassung, dass die Parteien sich zusätzlich auch gegenseitig in ihren Handlungen blockieren müssen, um von einem sozialen Konflikt sprechen zu können. Allerdings geht er von einem negativen Konfliktbegriff aus. Es handle sich nur um einen Konflikt, wenn die Rivalen den anderen „neutralisieren, verletzen oder beseitigen" wollen. Weiterhin beschränkt er die Gegensätzlichkeiten auf „Werte oder Statusansprüche, um Macht und knappe Ressourcen". Damit schließt er eine Reihe von Konflikten aus, wie z.B. solche, die aus unterschiedlichen Wahrnehmungen resultieren.
So wie Coser gehen auch andere Wissenschaftler, wie u.a. **Deutsch** (1976) und **Pikas** (1974) davon aus, dass ein Konflikt nur vorliegt, wenn es über die divergierenden Meinungen hinausgehend ein beobachtbares Konfliktverhalten gibt, das als negativ beschrieben werden kann (beispielsweise: sich angreifen, sich Schaden zufügen, den anderen blockieren, ...), wobei es unwesentlich ist, welches Mittel dazu verwendet wird. Diese Auffassung kann ich ebenfalls nicht teilen, denn ein negatives Konfliktverhalten ist zwar eine mögliche Variante, aber nicht begriffsbestimmend. Prallen verschiedene und unvereinbare Standpunkte aufeinander und folgt dem ein positives Konfliktverhalten, so ist es dennoch ein Konflikt, der nur auf eine andere Art und Weise angegangen wird.

Gordon beschreibt ‚Konflikt in zwischenmenschlichen Beziehungen' als „ein Auftreten von Kämpfen und Kollisionen zwischen zwei (oder mehreren) Personen, wenn Verhaltensweisen und Bedürfnisbefriedigung in Gegensatz geraten oder wenn die Wertvorstellungen der Personen differieren" (*Gordon* 1977, S.152). Diese Definition beinhaltet, ähnlich wie vorhergehende, zumindest im ersten Teil, den Aspekt, dass neben differierenden Motiven das Verhalten eine Rolle spielt. In einer Konfliktsituation wird das Verhalten in der Art behindert, dass die Bedürfnisse dieser Person nicht mehr befriedigt werden können.

Ähnliche Elemente und darüber hinaus auch neue Gesichtspunkte enthält die Definition von **Rüttinger**. Ein sozialer Konflikt „läßt sich als eine soziale Beziehung definieren, in der zwei oder mehr Parteien, die voneinander abhängig sind, mit Nachdruck versuchen, gegensätzliche

Handlungspläne zu verwirklichen und sich dabei ihrer Gegnerschaft bewußt sind." (*Rüttinger* 1981, zit. aus *Rosenstiel, Molt & Rüttinger* 1995, S.188). Neu an dieser Definition ist, dass die Parteien in irgendeiner Weise voneinander abhängig sein müssen und dass sie sich ihrer Rivalität bewusst sind. Das Vorliegen einer gegenseitigen Abhängigkeit erscheint mir sehr wichtig zu sein, denn ohne diese kann kein Konflikt entstehen. Ein weiterer wichtiger Faktor ist das Bewusstsein, mit dem die Beteiligten handeln.

Die bis hierhin angeführten Definitionen von sozialem Konflikt beinhalten jedoch alle lediglich Teilaspekte, die für zwischenmenschliche Konflikte von Bedeutung sind. Einer der Autoren, der meiner Meinung nach eine der umfassendsten Definitionen aufgestellt hat, ist **Glasl**. Er versucht, eine Synthese der gängigen Konfliktdefinitionen vorzunehmen und beruft sich im Wesentlichen auf **Thomas, Prein** und **Rüttinger** (vgl. *Glasl* 1999). ‚Sozialer Konflikt' bedeutet für ihn „eine Interaktion zwischen Aktoren (Individuen, Gruppen, Organisationen usw.), wobei wenigstens ein Aktor Unvereinbarkeiten im Denken/Vorstellen/Wahrnehmen und/oder Fühlen und/oder Wollen mit dem anderen Aktor (anderen Aktoren) in der Art erlebt, dass im Realisieren eine Beeinträchtigung durch einen anderen Aktor (die anderen Aktoren) erfolge." (a.a.O., S.14).
Hier wird damit erstmals deutlich, dass es nicht immer beide Parteien sein müssen, die den Konflikt als solchen wahrnehmen. Die Beschreibung der „Unvereinbarkeiten", die in Konflikten auftreten können, finde ich sehr überzeugend. Damit sind alle möglichen Auslöser von Konflikten benannt. Darüber hinaus lässt Glasl offen, welches Konfliktverhalten nach der Feststellung der Unvereinbarkeiten im Handeln, gewählt wird.

Im folgenden möchte ich in Kurzform zusammentragen, von welchem Konfliktbegriff ich ausgehen möchte. Ich werde mich, wie auch die ausgewählten Ansätze schon zeigen, auf soziale Konflikte beziehen.

Merkmale sozialer Konflikte:

- Es liegt eine Interaktion zwischen mindestens zwei Parteien vor, die voneinander abhängig sind.
- Mindestens ein Beteiligter erlebt Unvereinbarkeiten im Denken/ Vorstellen/ Wahrnehmen und/oder Fühlen und/oder Wollen
- handelt subjektiv dementsprechend
- und schreibt das Nicht - Verwirklichen - Können der eigenen Vorhaben dem anderen zu,
- wobei er versucht, die Beeinträchtigung durch den anderen (durch Wahl eines entsprechenden Konfliktverhaltens) unwirksam zu machen.

Eine derartige Auffassung von Konflikten macht einem bewusst, dass nicht jede Meinungsverschiedenheit schon einen Konflikt darstellt, sondern dass zu den Differenzen auch ein Realisierungshandeln erfolgen muss, das als negativ erlebt wird.
Dennoch gehören Konflikte unweigerlich zu unserem Leben dazu. In jeder sozialen Gemeinschaft, gerade auch in der Schule, in der die Beteiligten nicht freiwillig ihre Interaktionspartner wählen können, gibt es eine Fülle von Konflikten, die gelöst werden wollen. Deutlich sollte werden, dass in Konflikten nicht nur Gefahren, sondern auch Potentiale stecken.

1.2. Konfliktverlauf

Um den Verlauf eines Konflikts anschaulich darzustellen, soll den weiteren Ausführungen ein fiktives Beispiel vorangestellt sein:

Eine Klasse hat in dieser Stunde Deutsch. Die Deutschlehrerin hatte sich auf diese Stunde besonders vorbereitet, da sie heute erstmalig eine Fantasiereise durchführen wollte. Nach der entspannenden Reise sollen die Schüler kreative Gedanken, die ihnen durch den Kopf gegangen sind, zusammentragen, um daraus ein Gedicht entstehen zu lassen. Die Lehrerin freute sich sehr darauf.
Während der Fantasiereise muss sie allerdings feststellen, dass sich mehrere Schüler nicht entspannen können. Einer mault schlechtgelaunt seinen Nachbar voll, eine Schülerin blättert nervös in ihrem Hefter, zwei andere tuscheln ununterbrochen, was wiederum andere ablenkt. Die Stimmung zwischen den Schülern erscheint insgesamt gereizt und angespannt. Auch die Lehrerin wird immer unruhiger und überlegt, warum sie es in der Einführung nicht geschafft hat, eine entspannte Atmosphäre zu schaffen und wieso die Schüler sich weigern, mitzumachen. Wahrscheinlich nehmen sie eine solche Methode nicht ernst genug. Sie ärgert sich immer mehr über die Störungen der Schüler und ermahnt Einzelne eindringlich.
Die Schüler dieser Klasse werden in der darauffolgenden Stunde eine Klassenarbeit bei einem sehr strengen Lehrer schreiben und fühlen sich mehrheitlich nicht sicher in dem behandelten Gebiet. Sie sind angespannt und einige versuchen, sich noch kurz vor der Arbeit etwas anzuschauen oder mit dem Nachbarn etwas durchzusprechen. Sie sind mit ihren Gedanken ganz woanders und können sich weder entspannen, noch auf den Unterricht konzentrieren. Somit fühlen sie sich durch die Ermahnungen und Anforderungen der Deutschlehrerin gestört.
Im Verlauf der Stunde reagieren sie auf die Aufgaben gar nicht mehr oder mit patzigen Antworten, worauf die Lehrerin mit immer schlechterer Laune reagiert.

Im Folgenden möchte ich die **Phasen eines Konfliktprozesses** (modifiziert nach *Knopf* 1996, S.37 und *Zuschlag & Thielke* 1992, S.39 f.) anhand dieses Beispiels darstellen.

| Zu Beginn eines Konflikts stehen sich Differenzen im Wahrnehmen/ Vorstellen und Denken, im Fühlen und/oder im Wollen gegenüber. |

⇩ *Lehrerin: möchte, dass sich die Schüler entspannt auf die gut vorbereitete Fantasiereise einlassen und mitmachen*
Schüler: wollen sich individuell auf die bevorstehende Klassenarbeit vorbereiten

| Die Beteiligten verhalten sich entsprechend ihren Bedürfnissen. |

⇩ *Lehrerin: führt die Stunde planungsgemäß durch (versucht auch, die Schüler durch Entspannungstechniken auf die Fantasiereise vorzubereiten)*
Schüler: verhalten sich ihrer inneren Anspannung entsprechend, bereiten sich auf die Klassenarbeit vor (im Hefter etwas nachlesen, etwas absprechen, Spickzettel schreiben,...)

| Das Verhalten des/der anderen wird wahrgenommen. |

⇩

| Das wahrgenommene Verhalten wird subjektiv interpretiert und als zumindest von einer Seite als unvereinbar mit dem eigenen Verhalten bewertet. |

⇩ *Lehrerin: denkt z.B., dass die Schüler nicht mitmachen wollen, weil es ihnen nicht gefällt, weil sie es nicht gewohnt sind, weil sie das Ganze nicht ernstnehmen oder auch, dass das Verhalten aus ihrem eigenen Unvermögen, die Entspannungstechniken zu vermitteln, resultiert*
Schüler: könnten aus dem Verhalten der Lehrerin z.B. schlussfolgern, dass diese sie bei der Vorbereitung auf die Arbeit nicht unterstützen will und nur an ihren eigenen Unterricht denkt

| Bei der Informationsverarbeitung werden Emotionen hervorgerufen. |

⇩

| Lehrerin: ist angespannt und zunehmend verärgert
Schüler: sind zusätzlich angespannt, nervös und verärgert über die Ermahnungen |

| Es stellt sich die Frage, wie man sich weiterhin verhält. Wie gehen die Beteiligten mit dem Konflikt um und in wieweit wird ein Abwehrverhalten gezeigt? |

⇩ *In dem dargestellten Beispiel bleibt die weitere Behandlung des Konfliktes noch offen.*
Da ich in dieser Arbeit noch näher auf den Umgang mit Konflikten eingehen werden, möchte ich hier nur kurz einige Möglichkeiten aufzählen: Ignorieren, Thematisieren, kooperative Lösungssuche, Bestrafungen, Konfliktgespräche, Beschimpfungen, ...

| Das Ergebnis eines Konfliktprozesses kann ein Konsens, ein Sieg-Niederlage-Verhältnis, das Fortbestehen oder aber auch die Eskalation des Konflikts sein. |

⇩

| Jeder Konflikt hat i.d.R. Nachwirkungen. (Belastung o. Verbesserung der Beziehung, für weitere Behandlung des Problems, Beeinflussung der Voreinstellungen für folgende Konflikte) |

Abb.1 Konfliktverlauf

Entscheidend für den Verlauf eines Konflikts sind insbesondere die **seelischen Faktoren.**
In sozialen Konflikten werden die Wahrnehmungsfähigkeit und das Denk- und Vorstellungsvermögen stark beeinträchtigt. Die am Konflikt beteiligten Personen gelangen meist zu recht einseitigen und verzerrten Bildern der Wirklichkeit, die wiederum der Motor für weitere Verärgerung und noch verzerrtere Abbildungen sind.
Dabei lässt sich beobachten, dass durch eine selektive Aufmerksamkeit, Bedrohliches und störende Eigenschaften des Gegners weit deutlicher

wahrgenommen werden, als andere Faktoren. Des weiteren bleiben Ereignisse oft verzerrt und verdreht, also in anderer chronologischer Reihenfolge in Erinnerung und im Konflikt wird meist nur das gesehen, was der eigenen Meinung, bzw. dem eigenen Denkmuster entspricht. Damit kommt es zu Pauschalisierungen und einem Schwarz-Weiß-Denken. Im ungünstigsten Fall polarisieren sich Selbst- und Fremdbild so stark, dass man sich selbst nur noch als Vertreter des Guten sieht und auf den anderen alles Negative projiziert. Über die möglichen Folgen des eigenen Tuns wird immer weniger bewusst reflektiert, wenn man dem nicht entgegensteuert. (vgl. *Glasl* 1998)

Um Konflikte konstruktiv bearbeiten zu lernen, sollte man sich dessen bewusst werden und sich darüber hinaus darin üben, in Konflikten die Wahrnehmung kognitiv zu beeinflussen und das eigene Denkmuster immer wieder zu überprüfen.

Für die Wahrnehmung ist des weiteren die Kausalattribution ein wichtiger Aspekt, denn das sich Erklären des Zustandekommens beeinflusst relativ stark die subjektive Interpretation des Verhaltens des anderen und somit die entsprechende Reaktion. Wie gesagt, wird Bedrohliches deutlicher wahrgenommen und ähnlich verhält es sich mit der Ursachenzuschreibung. Wer nicht die Erfahrung gemacht hat, dass ein Gegenüber selbst wichtige Gründe für sein Verhalten haben könnte, nimmt leicht an, dass dieser ihm schaden möchte und sich deshalb so verhält.

In dem dargestellten Beispiel könnte die Lehrerin das Verhalten der Schüler beispielsweise so deuten, dass die Schüler nicht an die neue Form von Unterricht gewöhnt sind und einige Zeit brauchen, um sich darauf einzustellen. Dann würde sie wahrscheinlich in der gleichen Weise weiterarbeiten. Ebenso könnte sie annehmen, dass es zwischen mehreren Schülern Ärger gab, der nicht beigelegt wurde und ihnen daher immer noch präsent ist. Wahrscheinlich würde sie dann ihre Stunde unterbrechen, um zunächst eine Klärung zu ermöglichen. Auch würde sie anderes reagieren, wenn sie davon ausginge, dass einige Schüler sich schlicht weigerten, an ihrem Unterricht teilzunehmen. Sie wäre zunehmend frustriert und würde den Konflikt durch Abwehrreaktionen wahrscheinlich noch verschärfen.

Auch das **Gefühlsleben** verändert sich in Konfliktsituationen derart, dass ein positives konstruktives Konfliktverhalten schwer realisierbar werden kann.

In diesem Zusammenhang ist insbesondere die emotionale Erregung von großer Bedeutung. Normalerweise ist diese ist in Konfliktsituationen nur schwer steuerbar. Anfangs wird nur eine gesteigerte Empfindlichkeit registriert, die im weiteren Verlauf zu Unsicherheit und Misstrauen führt. Aus der Unsicherheit heraus kapseln sich die beiden Gegner voneinan-

der ab und die innere emotionale Erregung steigt. Dabei geht das Einfühlungsvermögen für den anderen weitestgehend verloren. Bei einer entsprechenden Intensität laufen emotionale Erregungsprozesse relativ selbständig ab. Unter emotionalem Stress wirkt sich diese Erregung so negativ auf das Verhalten aus, dass sie die Ordnung des Handlungsablaufes beeinträchtigt, die Aufmerksamkeit und das Verhalten einengt und sich der Beteiligte immer mehr auf seine Abwehrreaktionen konzentriert. Das kann schließlich zu Impulshandlungen führen, die der Abreaktion dienen, wobei keine kognitive Kontrolle mehr möglich ist (vgl. *Reykowski* 1973, In: *Neubauer* 1992).
Will man diesen Teufelskreis durchbrechen, sollte man trainieren, die eigenen Gefühle wahrzunehmen und in einem Konfliktverlauf sich immer wieder der eigenen Gefühlslage bewusst zu werden. Ebenso wichtig ist es, Empathie zu entwickeln und diese auch in Konfliktsituationen nicht zu verdrängen. Insgesamt sollte versucht werden, in Konfliktsituationen die Gefühle in der Art zu beherrschen, dass man in der Lage ist, sie dem anderen gegenüber verbal auszudrücken und dass sie nicht „blind" das Verhalten steuern.

Das Verhalten in Konfliktsituationen wird auch durch die **Bedeutung**, die die Konsequenzen für den Beteiligten haben und das Ausmaß seiner **Betroffenheit** stark bestimmt.

Wenn sich beispielsweise die Schüler zunehmend darin gehindert sehen, sich auf die Klassenarbeit vorzubereiten und sie wissen, dass dieses jetzt absolut notwendig wäre, da vielleicht ihre Versetzung von dieser Arbeit abhinge, gelangen sie sehr schnell unter Druck. Damit hätten sie ein Motiv, das für sie von großer Bedeutung wäre und was unweigerlich zu stärkeren Emotionen führt.

Konflikte werden häufig noch dadurch verstärkt, dass sich die Interaktionspartner in der Ausführung ihrer Vorhaben gegenseitig blockieren und behindern, so dass sie sich in ihrer Handlungsfreiheit einschränken. Beide Parteien sind zunehmend frustriert und suchen, meist mit steigender Erregung aufgrund der **Frustration**, nach alternativen Verhaltensmustern, die nur darauf gerichtet sind, das eigene Ziel ohne Rücksicht auf Verluste zu erreichen. Fühlt sich eine Person durch den/die anderen in seiner Freiheit stark bedroht, kommt es zu einer Widerstandsreaktion, die als „psychologische Reaktanz" (vgl. *Brehm & Brehm* 1981, In: *Neubauer* 1992, S.18) bezeichnet wird. Unter diesen Bedingungen besteht die Gefahr, dass ein Konflikt eskaliert.

Im Verlauf eines sozialen Konflikts gibt es ebenso Änderungen im **Willensleben**. Verläuft der Konflikt in negativer Richtung, beharren die Beteiligten immer mehr darauf, ihre eigenen Ziele durchzusetzen, wie oben beschrieben. Besteht anfangs durchaus noch die Möglichkeit, verschiedene Wege einzuschlagen, so engt sich der Spielraum im Verlauf des Konflikts zunehmend ein. Die Fronten verhärten sich und die Flexibilität geht gänzlich verloren.

Um einen für beide Seiten positiveren Konfliktverlauf zu ermöglichen, ist es demnach notwendig, diese anfängliche Flexibilität zu erhalten, da es für einen Konflikt viele Lösungen gibt.

1.3. Funktion von Konflikten

Oftmals werden Konflikte für negativ, störend, destruktiv und unerwünscht gehalten. Gerade Erzieher, Lehrer und Eltern neigen dazu, Konflikte entweder durch das Anordnen einer Lösung beizulegen oder sie von vornherein zu vermeiden. Wie oft bekommen Kinder gesagt, dass sie aufhören sollen, zu streiten, dass sie brav sein sollen und friedlich, und wie oft gehen Eltern einfach dazwischen, wenn sich Kinder streiten und drängen ihnen eine Lösung auf? Wie sollen Kinder so einen positiven konstruktiven Umgang mit Konflikten erlernen?

Konflikte machen Angst, Angst davor, sie nicht bewältigen zu können, zu verlieren oder seine Bedürfnisse zurückstellen zu müssen. Doch es sind nicht die Konflikte, die wir verhindern müssen (das können wir gar nicht), sondern ein negatives Konfliktverhalten .

Wenn man seine Einstellung gegenüber Konflikten dahingehend verändert, dass man in Konflikten eine Chance für Veränderungen sieht und die Möglichkeit eines Vorankommens beider Parteien einräumt, wird man Konflikten eine positive Funktion zugestehen und sie als normal oder sogar notwendig betrachten.

Werden in Konfliktsituationen für beide Parteien akzeptable Lösungen gefunden, können sie die Persönlichkeitsentwicklung fördern und Lernprozesse voranbringen. „Sie bieten Gelegenheiten zum sozialen Lernen und können Schülern zu Mündigkeit, Vernünftigkeit und kritischer Rationalität verhelfen" (*Mollenhauer* 1977, zit. aus: *Becker* 1989, S.20). Ebenso verhindern sie Stagnation und regen Interesse und Neugierde an (vgl. *Deutsch* 1976). Da, wo nach Neuem gesucht wird und Altes in Frage gestellt wird, gibt es viele Spannungen und Konflikte (vgl. *Glasl* 2000).

Löst man Konflikte gemeinsam und kommt dabei zu einem für beide Seiten befriedigendem Ergebnis, lernt man den anderen für die eigene Entwicklung wertzuschätzen und die zwischenmenschliche Beziehung verbessert sich. Ähnliches gilt für Gruppen. Dort, wo Konflikte konstruktiv bewältigt werden, haben sie eine gruppenfestigende Funktion, da sich

die Beteiligten untereinander näher kommen, ihre Interessen gegenseitig achten und an der Bewältigung ihrer Probleme wachsen.
Systeme, in denen Konflikte nicht erwünscht sind und unterdrückt werden, sind sehr anfällig, da zwar die Konflikte vermieden, aber deren Ursachen nicht beseitigt werden. Wenn Konflikte lange unterdrückt werden, brechen sie um so heftiger aus und können aufgrund angestauter negativer Emotionen leicht eskalieren (vgl. *Rosenberger* 1996) .
Weiterhin können Konflikte Signale dafür sein, dass etwas nicht in Ordnung ist (vgl. *Faller, Kerntke & Wackmann* 1996). Der unter Punkt 1.1. angeführten Definition zur Folge kann es auch vorkommen, dass nur eine Person die Unvereinbarkeiten als solche wahrnimmt und sich an der Realisierung ihrer Vorhaben gehindert sieht. Erst durch den Ausbruch des Konflikts, bzw. dem entsprechenden Handeln dieser Person, kann der andere erkennen, dass es Probleme gibt und die Situation dementsprechend geregelt werden muss.

Positive Funktionen von Konflikten sind:

- sie weisen auf Probleme hin
- sie fördern Innovation
- sie erfordern Kommunikation
- sie verhindern Stagnation
- sie regen Interesse an
- sie lösen Veränderungen aus
- sie stimulieren Kreativität
- sie festigen Gruppen
- sie führen zu Selbsterkenntnissen
- sie verlangen nach Lösungen

(nach *Beck & Schwarz* 1995, S.26, Abb.2)

Konflikte können dagegen in der Tat auch **negative Auswirkungen** haben und zwar dann, wenn:

- sie unterdrückt, vermieden oder verdrängt werden
- Angst vor Auseinandersetzung und Klärung besteht
- die Kommunikation abgebrochen wird
- ein Beharren auf Standpunkten zu verzeichnen ist
- Droh- und Konfrontationsstrategien angewendet werden
- sie mit unbrauchbaren Mitteln ausgetragen werden

(CD-ROM „Konflikte XXL")

Besonders problematisch sind Konflikte, wenn sie eskalieren, da hier die Gefahr der Verletzung und Gewaltanwendung stark zunimmt.

Für die Schule haben Konflikte eine besondere Bedeutung. Sie sollten nicht verboten oder vermieden werden, da der Umgang mit Konflikten einen wichtigen Teil des sozialen Lernens darstellt und Chancen birgt, die Persönlichkeitsentwicklung positiv zu beeinflussen. Hier sollten Kinder spätestens lernen (wenn sie es schon nicht zu Hause, bei Verwandten, Freunden oder in den Medien lernen konnten), konfliktfähig zu werden und Konflikte konstruktiv zu bewältigen, da diese Fähigkeit das ganze Leben lang benötigt wird.
Nicht zuletzt birgt eine so angelegte Erziehung auch die Chance, in einer demokratischen Gesellschaft, in der es eine Vielfalt von Interessen, Werten und Zielen verschiedener konkurrierender und kooperierenden Gruppen gibt, zu bestehen, ohne sich höheren Autoritäten gegenüber ausgeliefert zu fühlen (vgl. u.a. *Beck & Schwarz* 1995). Und noch weiter gedacht, kann eine solche Erziehung dazu verhelfen, Menschheitskonflikte globaler Art positiver anzugehen und somit zu mehr Frieden auf der Welt beizutragen[2].

2. Auf welche Konflikte treffen wir in der Grundschule?

Konflikte können unter verschiedenen Gesichtspunkten betrachtet und eingeteilt werden. Mir erschien es wichtig, sie hier nach der Anzahl der am Konflikt beteiligten Personen zu unterscheiden und nach Art der Beziehung zwischen den Konfliktparteien.

Unvereinbare Handlungstendenzen können zwischen Individuen (z.B. zwischen zwei Schülern), zwischen einem Individuum und einer Gruppe (z.B. zwischen Lehrperson und Schulklasse), zwischen Gruppen (z.B. zwischen Cliquen innerhalb einer Klasse) oder aber auch innerhalb eines Individuums auftreten.
Letzteres kennzeichnet einen intrapersonalen Konflikt (innerer oder seelischer Konflikt). Bei den anderen Varianten geht es um interpersonale oder auch soziale, also zwischenmenschliche Konflikte.
Diese Unterscheidung bedeutet jedoch nicht, dass diese Formen nur getrennt voneinander auftreten. So kann es durchaus vorkommen, dass intrapersonale Konflikte, die bei dem Betroffenen in bestimmten Fällen eine enorme innere Spannung und Unsicherheit hervorrufen können, die Entstehung von zwischenmenschlichen Konflikten bedingen. Diese Tat-

---

[2] Vgl. dazu Literatur zur Friedenserziehung

sache sollte von Lehrkräften ernst genommen werden. Häufig können Schüler, die unter starken inneren Konflikten leiden, erst lernen, soziale Konflikte konstruktiv zu bearbeiten, wenn sie wieder mit sich selbst „im Reinen" sind. Trotzdem möchte ich mich in dieser Arbeit vorrangig auf die interpersonalen Konflikte im Klassenzimmer beziehen.

Obwohl in der Grundschule viele Personengruppen in Konflikte involviert sein können (z.B. Direktor, Schulamt, Eltern, Lehrer, Schüler, Hausmeister, usw.), werde ich mich nur auf Konflikte zwischen Kindern und solche zwischen Lehrer und Kindern beziehen, da eine umfassendere Betrachtung die Möglichkeiten und Ziele dieser Arbeit übersteigen würde.

2.1. Konflikte unter Kindern

Viele Kinder haben in ihrer Entwicklung nicht gelernt, Konflikte, ohne aggressiv zu werden, auszuhalten oder sogar konstruktiv lösen zu können. Häufig sind Aggressionen und Gewalt die gewählten Mittel, einen Konflikt auszutragen. Dieses Verhalten kommt in der Schule besonders deutlich zu Tage, denn Schule stellt ein starkes Konfliktfeld dar. Viele Konflikte ergeben sich allein schon dadurch, dass die Kinder oftmals auch entgegen ihrem Willen einer Realität gegenüberstehen, die für sie unausweichlich ist. Nicht die Kinder suchen sich die Schule und die Klassenkameraden aus, in der und mit denen sie über Jahre hinweg lernen und leben wollen. Diese Auswahl ist eher zufällig und in den meisten Fällen ein reiner Verwaltungsakt. Aufgrund unserer gesellschaftlichen Verhältnisse und den daraus folgenden Veränderungen der Kindheit stellt man in zunehmenden Maße fest, dass die Lerngruppen immer heterogener werden. In den meisten Schulklassen sind Kinder unterschiedlicher Schichtzugehörigkeit, unterschiedlicher kultureller Herkunft und Kinder, die aus ganz unterschiedlichen Familienverhältnissen kommen zu finden. Hinzu kommt, dass die vorschulische Erziehung keineswegs einheitlich gestaltet wird, so dass es Kinder gibt, die bis zum Schuleintritt noch nie in eine Kindergruppe integriert waren, solche, in deren Kindertagesstätte viel Wert auf das soziale Miteinander gelegt wurde, aber auch solche, die täglich 10 Stunden in einer „Aufbewahrungsanstalt" zugebracht haben.

Es sind also nicht nur unterschiedliche Erwartungen, Wünsche und Interessen Auslöser für Konflikte, sondern auch das erlernte Konfliktverhalten, welches Konflikte zuspitzen, lösen oder auch neue Konflikte auslösen kann.

Ich möchte nicht behaupten, dass der Großteil der Kinder kein annehmbares Konfliktverhalten gelernt hat (zumal ich keine entsprechende Untersuchungen kenne), aber es gibt eine ganze Reihe von ihnen und sie fallen besonders stark auf. Viele zeigen ein aggressives und rücksichtsloses Verhalten in Konfliktsituationen. Viele Kinder sind allgemein gereizt und reagieren schon bei Kleinigkeiten besonders emotional und häufig gewalttätig (vgl. u.a. *Walker* 1995; *Olweus* 1996; *Kasper* 1998) . Dagegen gibt es auch Kinder, die gelernt haben, Konflikten aus dem Weg zu gehen, die anderen zu leicht nachgeben und ihre eigenen Interessen zurückstellen. Im übrigen gibt es in der Institution Schule allgemein die Tendenz, Konflikte zu vermeiden, bzw. sie abzuschwächen (vgl. *Becker* 1983; *Döring* 1983). Auch dieses kann, meiner Auffassung nach, als negatives Konfliktverhalten bezeichnet werden.

Situationen, in denen typische Konflikte in der Grundschule entstehen können:

- Schüler nehmen sich gegenseitig etwas weg,
- einer beansprucht Material, ohne Rücksicht auf andere,
- einer macht etwas kaputt, was anderen gehört
- beim Spiel entsteht Streit darum, wer Anführer sein darf
- Schüler ärgern/ hänseln/ piesacken/ beleidigen einen anderen
- Schüler nerven sich gegenseitig
- Ausschluss eines Schülers aus einer Gruppe/ Freundschaft
- einige übernehmen gemeinschaftliche Aufgaben, andere nicht
- Integrationsprobleme eines Schülers, z.B. aufgrund einer Behinderung, seiner Schichtzugehörigkeit oder sonstigen Andersartigkeit
- Schüler haben unterschiedliche Vorhaben, die nicht gleichzeitig durchgeführt werden können
- Schüler berühren oder stoßen sich aus Versehen (oder mit Absicht)
- Schüler erpressen einen anderen
- beim Siegen und Verlieren in einem Wettkampf
- Cliquen grenzen sich untereinander ab

Die Reaktionen darauf variieren je nach **Alter, Geschlecht, Situation** und **Sozialisationsbedingungen**. Im Folgenden werde ich darauf eingehen, welche Einflüsse der Entwicklungsstand und das Geschlecht auf das Verhalten in Konfliktsituationen haben, sowie die Änderung des Verhaltens in bestimmten Situationen aufzeigen. Zu den Sozialisationsbedingungen werde ich im Kapitel „Wie wird ein bestimmtes Konfliktverhalten erlernt ?" kommen. Sie seien daher an dieser Stelle nur genannt.

2.1.1. Einflüsse der Altersstufe auf das Verhalten in Konfliktsituationen

Selman hat in seiner Abhandlung über „Die Entwicklung des sozialen Verstehens" (*Selman* 1984) dargelegt, wie sich über verschiedene Niveaustufen hinweg der Umgang mit Konflikten aufgrund entwicklungspsychologischer Gegebenheiten ändert. Darüber hinaus halte ich auch die Ausführungen von Valtin (1993) und die Stufen der moralischen Entwicklung von Kohlberg für sehr nützlich, wenn es darum geht, die altersgemäßen Sichtweisen und Möglichkeiten bei der Konfliktbehandlung von Grundschulkindern zu betrachten. Daher werde ich im Folgenden die verschieden Modelle oder Überlegungen ausführlicher darstellen.

Die Stufen der sozialen Perspektivübernahme und der Umgang mit Konflikten in Freundschaftsbeziehungen nach Selman (*Selman* 1982, 1984)

Niveau 0: Egozentrische Perspektive (3-6 Jahre)
Das Kind ist in der Lage, den Unterschied zwischen sich und dem anderen wahrzunehmen, kann aber noch nicht zwischen seiner sozialen Perspektive (Gedanken, Gefühle) und der des anderen unterscheiden. Die Gefühle, die der andere offen zeigt, kann es zwar benennen, jedoch sieht es noch nicht den kausalen Zusammenhang zwischen Handlungsgründen und Handlungen. Es unterscheidet nicht bewusst zwischen äußerlich beobachtbaren Verhaltensweisen und innerpsychischen Erfahrungen. Ein Konflikt wird demnach als ein Fall gesehen, in dem ein Beteiligter aufgrund der Handlung des anderen nicht das tun kann, was er möchte.
Vorschläge von Kindern zur Lösung von Konflikten zwischen Freunden sind moment- und körperbezogen. Eine Lösung des Konflikts wird entweder durch Abbrechen der Interaktion oder durch direkte körperliche Eingriffe versucht.

Niveau 1: Sozial-informationsbezogene Perspektivenübernahme (6-8 Jahre)
Das Kind kann erkennen, dass der andere eine eigene, in seinem Denken begründete Perspektive hat und dass diese seiner eigenen Perspektive ganz ähnlich oder aber auch von ihr ganz verschieden sein kann. Letztendlich kann es sich aber nur auf eine Perspektive konzentrieren, wodurch eine Koordination der unterschiedlichen Gesichtspunkte nicht möglich wird.
Das Kind begreift Konflikte nicht als solche zwischen zwei subjektiven Perspektiven, sondern als Problem, welches durch das Handeln des an-

deren verursacht wurde und von einer Person so empfunden wird. Auch hier gibt es zwei Strategien zur Konfliktlösung, wobei nur der „Verursacher" die Versöhnung ermöglichen kann.

a) die problematische Handlung wird zurückgenommen und das verletzte Gefühl des anderen wird damit beschwichtigt
b) positives Verhalten zeigen (z.b. „Ich schenke ihm was Schönes, dann wird es ihm besser gehen.")

Niveau 2: Selbstreflexive Perspektivenübernahme (8-10 Jahre)
Das Kind geht jetzt davon aus, dass jedem Individuum die Perspektive des anderen gewärtig ist und es seine eigene Sicht wie die vom anderen beeinflusst. Es kann sich nun an die Stelle des anderen versetzen und dessen Intentionen, Absichten und Handlungen beurteilen. Eine Koordination der Gesichtspunkte ist jetzt möglich, jedoch fehlt dem Kind noch die Fähigkeit, von diesem Prozess auf die Ebene simultaner Gegenseitigkeit zu abstrahieren.
Es ist sich auf diesem Niveau bewusst, dass beide Beteiligten psychologisch an dem Konflikt partizipieren, dass jeder nach der Erfüllung seiner Ansprüche verlangt und daher auch beide aktiv an seiner Lösung mitwirken müssen. Allerdings ist sich das Kind noch nicht darüber im Klaren, dass sich jeder auch darum kümmern müsste, wie gut der andere die Lösung empfindet.

Niveau 3: Wechselseitige Perspektivenübernahme (10-12 Jahre)
Das Kind nimmt wahr, dass es sowohl sich selbst als auch den anderen wechselseitig und gleichzeitig als Subjekt sehen kann. Zudem kann es aus der Zwei-Personen-Interaktion heraustreten und diese aus der Perspektive einer dritten Person betrachten.
Bei einer Konfliktlösungssuche muss jeder Beteiligte das Gefühl haben, dass beide wirklich mit der Lösung einverstanden sind und auch an Stelle des anderen mit ihr zufrieden wären. Kinder, die auf dieser Stufe sind, gelangen zu dem Bewusstsein, dass Konflikte in Freundschaften aus der Unvereinbarkeit zweier Persönlichkeiten resultieren können und dass bestimmte Konflikte eine Beziehung eher festigen als schwächen können. Sie vertreten die Ansicht, dass Konflikte unter beiderseitiger Beteiligung durchgearbeitet (durchgesprochen) werden müssen und sie differenzieren nun bewusst zwischen ihrer unmittelbaren Reaktion und der längerfristigen affektiven Beziehung.

Niveau 4: Perspektivenübernahme mit dem sozialen und konventionellen System (12-15 Jahre u. älter)
Die Personen erkennen, dass eine wechselseitige Perspektivenübernahme nicht unweigerlich zu völligem Verstehen führt. Daher werden so-

ziale Konventionen als notwendig angesehen, weil sie von allen Mitgliedern der Gruppe unabhängig von ihrer Rolle, Position oder Erfahrung verstanden werden.
Freundschaften werden als „autonome Interdependenz" verstanden und in Konflikten kann auch ein symbolisches Handeln zur Konfliktlösung beitragen.

Anhand dieser Ausführungen wird deutlich, dass sich die Fähigkeit zur Perspektivübernahme erst im Laufe der Kindheit entwickelt. Die Altersangaben, die Selman macht, können nur ungefähre Angaben sein. In der ersten Klasse der Grundschule können sich demnach Kinder zusammenfinden, deren Fähigkeiten dem Niveau 0 oder auch schon dem Niveau 1 entsprechen. Ebenso sind in den Klassen 3 und 4 vorwiegend Kinder mit dem Niveau 2 und 3 zu finden, aber genauso ist es möglich, dass Kinder darunter sind, die immer noch auf dem Niveau 1 denken und dementsprechend handeln. In den Klassen 5 und 6 können die Fähigkeiten demzufolge dem Niveau 2, 3 oder in einzelnen Fällen auch 4 entsprechen.

Dem Lehrer sollten diese Phasen der Entwicklung bekannt sein. So ist es wenig sinnvoll, von einem Schüler, dessen Denken dem Niveau 1 zuzuordnen ist, zu erwarten, dass er sich und den anderen gleichzeitig als Subjekt wahrnimmt oder sogar aus der Interaktion heraustreten kann, um den Konflikt von außen aus der Perspektive eines Dritten zu betrachten. Andererseits bedeutet die Festlegung verschiedener Niveaus nicht zwangsläufig, dass die Kinder für eine vorgeschriebene Zeitspanne unwiderruflich in diesem Zustand gefangen sind. Die Welt aus der Perspektive eines anderen zu sehen und die eigenen Perspektiven mit denen des anderen zu koordinieren, kann und sollte immer wieder geübt werden. Dabei sollte allerdings Schritt für Schritt vorgegangen werden, von Niveaustufe zu Niveaustufe, da das Überspringen ganzer Stufen eine Überforderung darstellen würde.
Hinweisen möchte ich noch darauf, dass Selman nur auf den Umgang in Konflikten hingewiesen hat, in denen die Beteiligten miteinander befreundet waren. Unter dieser Bedingung scheint es selbstverständlicher, dass sich die Beteiligten um eine „positive" Lösung des Konflikts bemühen. Liegen dagegen andere Beziehungen vor, kann ein Konflikt ganz anders verlaufen, obwohl die Fähigkeit zur Perspektivübernahme dabei gleich bleibt.

Auch **Valtin** hat in einer Untersuchung von 89 Berliner Kindern im Alter von 5 bis 12 Jahren (vgl. *Valtin* 1991,1993) herausgefunden, dass sich die „Konzepte vom Streit", wie dementsprechend die „Konzepte des Sich-Vertragens" in Abhängigkeit vom Alter der Kinder unterschiedlich gestalten. So konnte sie diese Konzepte den verschiedenen Niveaus Selmans zuordnen.

Dem Niveau 0 entspricht in ihrer Untersuchung das Konzept vom Streit als „Aneinandergeraten" und den darauf bezogenen Vorschlägen zur Streitbeendigung (Handgreiflichkeiten). Dabei herrscht eine Moral der strengen Vergeltung: Wie du mir – so ich dir! Dieses Konzept hat Valtin vorrangig bei den fünf und sechsjährigen Kindern festgestellt. → **physische Konfliktlösungen**

Auf dem Niveau 1 äußerten sich laut Valtin einige Sechsjährige und die Mehrzahl der Achtjährigen. Da die Ursache des Konflikts nur bei einem einzelnen gesehen wird, liegt es bei ihm, den Streit beizulegen – durch Abbruch, das konkrete oder symbolische Zurücknehmen der problematischen Handlung und/ oder Versöhnung. → **einseitige Konfliktlösungen**

Die Konzepte der Zehn bis Zwölfjährigen entsprechen dem Niveau 2, wobei sie beide Kontrahenten am Streit beteiligt sehen und auch rein verbale Auseinandersetzungen dazu gezählt werden. Die Kinder erkennen, dass zum Sich-Vertragen zwei gehören. Manche nennen als Möglichkeit zur Streitbeendigung das Feststellen, wer recht hatte. Die meisten aber erkennen, dass sie sich auf eine Lösung einigen müssten, die dem Willen beider entspricht. → **kooperative Konfliktlösung**

Auch Valtin verweist darauf, dass die Kinder eine starke Motivation zur Aufrechterhaltung ihrer Freundschaft haben und daher besonders in solchen Konfliktsituationen positive soziale Verhaltensweisen anwenden, bzw. diese weiterentwickeln.
In der Grundschule wäre es daher angebracht, den Nutzen der Konfliktstrategien in Freundschaften auch für andere Konflikte deutlich zu machen. Dabei sollte man die Kinder, um sie nicht zu überfordern, immer nur mit Argumenten konfrontieren, die an den jeweiligen Entwicklungsstand angepasst sind und auf das nächst höhere Niveau orientieren.

Kohlberg entwickelte ebenfalls ein Stufenmodell der moralischen Entwicklung (Althof 1997), worin teilweise die Stufen der Rollenübernahme von Selman enthalten sind. Diese Merkmale werden in der angegebenen Literatur unter dem Punkt „Soziale Perspektive" beschrieben.

Ich werde im Folgenden die sechs Stufen seines Modells in Kurzform darstellen, ohne jedoch detailliert auf die Ausführungen zu den Stufen der Rollenübernahme einzugehen.

Die sechs Stufen des moralischen Urteilens nach Kohlberg (nach: *Sturzbecher* 2002, *Althof* 1997, S.128-132)

Präkonventionelles Niveau

Stufe 1:
Das moralisch Gebotene definiert sich durch vorgegebene Regeln oder Autoritäten, die unbedingten Gehorsam fordern, nach dem Motto: **„Mutti hat recht"**.

Stufe 2:
Austauschbezogenes Moralverständnis: Die Geltung moralischer Regeln wird nur in soweit anerkannt, als es den konkreten Interessen einzelner Personen unmittelbar dient.
Man handelt, um die eigenen Bedürfnisse und Interessen zu befriedigen, wobei man erkennt, dass auch andere Menschen bestimmte Interessen haben. Motto: **„Wie du mir, so ich dir!"**

Konventionelles Niveau

Stufe 3:
Interpersonale Erwartungen (Dankbarkeit, Vertrauen, Verlässlichkeit) werden als Maßstab gesetzt. Das moralisch Richtige bemisst sich an Rollenerwartungen etwa guter Eltern, guter Kinder oder guter Freunde. Motto: **„Behandle andere so, wie du selbst von ihnen behandelt sein möchtest."**

Stufe 4:
Sozio-moralische Systemperspektive: Jede Gesellschaft braucht allgemein anerkannte Regeln und Gesetze, um zwischen pluralistischen Interessen, Anschauungen und Wertorientierungen vermitteln und Rollenkonflikte lösen zu können. Aus diesem Kanon von Gesetzen erwachsen Pflichten, aber auch Rechte, die jedes Gesellschaftsmitglied für sich beanspruchen kann. Motto: **„Handle so, dass es ein Gesetz werden könnte!"**

Postkonventionelles Niveau

Stufe 5:
Moral als vereinbarter und deshalb veränderlicher Gesellschaftsvertrag: Es existiert eine der Gesellschaft vorgeordnete moralische Orientierung, die auf einem universalistischen Standpunkt beruht. Die Gültigkeit bestehender Gesetze und die Legitimität einer sozialen Ordnung bemisst sich auf dieser Stufe an universellen Menschenrechten und am Wohlergehen aller, das es gleichermaßen zu fördern gilt. Motto: „**Maximaler Gewinn für alle!**"

Stufe 6:
Allgemeingültige, abstrakte ethische Beziehungen; kein Normenkatalog, sondern Verfahren zur Prüfung normativer Entscheidungen:
Motto: **Mitsprache aller Betroffenen vor der Entscheidung, Unparteilichkeit bei der Informationsaufnahme, Interessenabwägung, Entscheidungsrevision bei neuen Argumenten, Fairness.**

Auch bei diesem Modell muss man davon ausgehen, dass die verschiedenen Stufen in der Entwicklung eines Menschen schrittweise erklommen werden, wobei es auch Menschen gibt, die nicht alle Stufen durchlaufen und sozusagen auf einer moralischen Stufe stehen bleiben. So handeln beispielsweise delinquente Jugendliche oder auch erwachsene Straftäter in vielen Situationen noch auf der Stufe 2, obwohl vielleicht schon neun oder zehnjährige Kinder auf Stufe 3 denken und handeln. Wichtig ist auch, zu erwähnen, dass man in bestimmten Situationen durchaus auf einem niedrigeren Niveau handeln kann, als es in einer anderen Situationen möglich wäre.
In der Regel wird man in der Grundschule auf die Stufen 2 und 3 der moralischen Entwicklung treffen. Daher sollte es in der Erziehung zum konstruktiven Umgang mit Konflikten in der Grundschule darum gehen, die Kluft zwischen diesen beiden Stufen zu überwinden mit dem Ziel, dass alle nach der „Goldenen Regel" handeln: „Behandle andere so, wie du selbst von ihnen behandelt sein möchtest!".

2.1.2. Einflüsse des Geschlechts auf das Verhalten in Konfliktsituationen

Bei Beobachtungen des Verhaltens von Jungen und Mädchen in Konfliktsituationen (vgl. u.a. *Walker* 1995; *Stenke, Bergelt & Börner* 1998; *Petillon* 1993) konnte festgestellt werden, dass **Jungen** häufiger als Mädchen zu einer offeneren, d.h. physischen Konfliktaustragung neigen.

Dabei setzt sich im allgemeinen derjenige am häufigsten durch, der körperlich stärker ist. Die Jungen versuchen, sich damit zu beweisen und wollen in Konfliktsituationen möglichst keine Schwäche zeigen. Konflikte zwischen Jungen werden also häufig auf aggressive Art und mit Gewalt ausgetragen. Sie sind daher gleichzeitig als Opfer wesentlich häufiger von Gewalt betroffen und so auch häufiger an Gewalthandlungen beteiligt, als Mädchen (vgl. *Olweus* 1996). Das bedeutet allerdings nicht, dass sie insgesamt mehr Konflikten gegenüberstehen.

Mädchen neigen eher zu einer verbalen oder auch nonverbalen, d.h. indirekten Konfliktaustragung. Sie beleidigen andere, machen sie lächerlich, schließen sie aus der Gruppe aus, ignorieren sie, usw.. Die verschiedenen Formen der Konfliktaustragung der Mädchen werden von den Lehrkräften häufig nicht wahrgenommen, da sie den Unterricht oder die Pausensituation nicht öffentlich stören. So könnte angenommen werden, dass sie weniger Konflikte hätten. Trotzdem ich keine entsprechenden Untersuchungsergebnisse anführen kann[3], würde ich nicht davon ausgehen. Hinweisen möchte ich jedoch darauf, dass diese vornehmlich weibliche Art der Konfliktaustragung genauso verletzend sein kann, wie das Handeln der Jungen.

Wenn Mädchen dennoch in körperliche Auseinandersetzungen hineingeraten, ist ihr Verhalten körperlich kontrollierter (vgl. *Walker* 1995).

Zwischen **Jungen und Mädchen** treten besonders häufig Konflikte auf, die sexueller Art sind. Die Jungen „begrapschen" die Mädchen oder heben ihnen die Röcke hoch. Mädchen fassen oder hauen den Jungen zwischen die Beine. Prozentual sind es jedoch mehr die Jungen, die solche Übergriffe beginnen. In vielen Klassen dienen die Mädchen den Jungen als negative Bezugsgruppe (vgl. *Walker* 1995). Zumindest grenzen sich Mädchen und Jungen in der Regel ab Schulbeginn voneinander ab (vgl. *Petillon* 1993).

Auf diese Umstände können Lehrer eingehen, indem sie mit den Schülern die typischen Geschlechterrollen hinterfragen, über Gefühle (auch die der Jungen) reden, indem diese Gefühle vom Lehrer akzeptiert werden und gelegentlich geschlechtsspezifische Interaktionsspiele und Übungen durchgeführt werden. Weiterhin wirkt es sich förderlich aus, wenn Aktionen durchgeführt werden, die die Klassengemeinschaft als Ganzes stärken (Klassenfahrten, Projekte, Feiern, Ausflüge, ...).

---

[3] Die meisten Untersuchungen dieser Art sind nur auf das Gewalthandeln gerichtet.

2.1.3. Wie die Gegenwart anderer das Verhalten in Konflikten ändert

Ich denke, jedem wird bei genauerem Nachdenken bewusst, dass man sich in öffentlichen Situationen, in denen man sich beobachtet fühlt, anders verhält, als in solchen, in denen man allein oder nur zu zweit agiert. Dabei spielt vor allem die Erwartung, wie die anderen darüber urteilen und wie die Handlungsergebnisse bewerten werden, ein große Rolle.
Verhaltensweisen, die man sicher beherrscht und häufig anwendet, werden in solchen Situationen durch die positive Erwartung, die man entsprechend entwickelt, gefördert. Dagegen wirkt sich die Anwesenheit anderer eher hemmend auf die Leistungsfähigkeit aus, wenn Verhaltensweisen erst aufgebaut oder geübt werden und vor allem, wenn sich dabei Schwierigkeiten ergeben (vgl. *Wahl, Weinert & Huber* 1997).
Ausschlaggebend ist dabei auch die Beziehung der Beteiligten zueinander oder auch die Stellung einer Person innerhalb der Klasse. Wird ein Schüler von den anderen häufig verspottet, abgelehnt oder ausgelacht, wird er in neuen ähnlichen Situationen zunehmend mehr Schwierigkeiten haben, ein angemessenes oder erfolgreiches Verhalten zu zeigen, im Gegensatz zu solchen Schülern, die eine führende Rolle innehaben und weitestgehend Achtung genießen.
In Konfliktsituationen ist es für Schüler sehr schwer, eine Position zu vertreten, mit der sie ziemlich allein in der Klasse dastehen würden. So passen sie sich eher einer Mehrheit an oder auch der Meinung geachteter Vorbilder.
Treten Konflikte auf, ist für das Verhalten darüber hinaus ausschlaggebend, ob sich die Beteiligten in einer Konkurrenzsituation befinden oder ob sie, abgesehen von dem Konflikt, von vornherein kooperativ arbeiten wollten. In Konkurrenzsituationen wird das Konfliktverhalten eher daran orientiert sein, sich und seinen Standpunkt durchzusetzen (→ Nullsummenkonflikt[4]). Dagegen werden kooperativ arbeitende Schüler (z.B. innerhalb einer Arbeitsgruppe, deren Gesamtergebnis bewertet wird) eher motiviert sein, sich auf eine Lösung zu einigen.
Ein problematisches Konfliktverhalten zeigt sich mehrheitlich auch in Klassen, in denen es keinen Gruppenzusammenhalt gibt, wobei die sozialen Beziehungen durch Konfliktsituationen ohne ein konstruktives Konfliktverhalten stark beeinträchtigt werden (vgl. *Wahl, Weinert & Huber* 1997).

---

[4] Bei einem Nullsummenkonflikt gibt es einen deutlichen Sieger und einen klaren Verlierer (die „Siegpunkte" mit den „Minuspunkten" des Verlierers addiert ergeben Null).

2.2. Konflikte zwischen Lehrer und Kindern

Zwischen Lehrern und Kinder können zwei Grundkonflikte festgehalten werden, die in der Schule häufig auftreten.

2.2.1. Konflikte, die auf einer gestörten Beziehung zwischen Lehrer und Schüler beruhen

Wahl, Weinert und Huber (1997) vermuten, dass „Fehler in der gegenseitigen Wahrnehmung, unzutreffende Erwartungen und ungünstige Verhaltensweisen die Konflikte hervorrufen und stabilisieren" (a.a.O., S.102) und somit die Beziehung stören.

Seitens des Lehrers ergibt sich häufig das Problem, dass er aufgrund seiner vielfältigen Aufgaben (Informationsvorgabe, didaktischmethodische Entscheidungen, Aufrechterhalten der Schülermotivation, Steuerung und Beobachtung der schülerbezogenen Unterrichtsaktivitäten, Reagieren auf Schülerverhalten, usw.) das Unterrichtsgeschehen und die Schüler nur selektiv wahrnehmen kann. So nimmt er manches übersensibel, anderes gar nicht wahr. Die Bewertung der wahrgenommenen Situationen ist ebenfalls subjektiv, d.h. abhängig von seiner Toleranzgrenze, von seinem momentanen emotionalem Zustand und seinen Erwartungen oder auch Alltagstheorien.
Nicht selten steht der Lehrer auch vor der Entscheidung, auf einen Schüler in besonderer Weise Rücksicht zu nehmen (z.B. mehr Zeit zu gewähren, persönliche Aufmerksamkeit schenken) oder das Vorankommen der gesamten Klasse, bzw. das Erreichen des Unterrichtszieles zu begünstigen. In solchen Lehrer-Schüler-Interaktionen entscheiden Lehrer solche Konflikte häufig zu ungunsten des einzelnen Schülers (vgl. *Wahl, Weinert & Huber* 1997).
Weitere Probleme entstehen, wenn ein Lehrer seine Autorität zur Machtausübung missbraucht. Darunter leidet die Beziehung zwischen Lehrer und Schüler enorm. Im übrigen sind Konflikte vorprogrammiert, wenn Schüler an der Autorität des Lehrers zweifeln, da sie bemerken, dass die Sachkenntnis des Lehrers weniger hoch ist, als dieser bis dahin vorgab.
Wenn Schüler ein unangemessenes Verhalten zeigen, z.B. provozieren, aggressiv sind oder anderweitig stören, wird die Beziehung zum Lehrer ebenfalls stark belastet, vor allem wenn der Lehrer unangemessen (oft hilflos) darauf reagiert. So sind Reaktionen wie Strafen, Drohen, Beschimpfen, Lächerlich machen, Anschreien, Abwerten in jedem Fall Konfliktstoff für den weiteren Verlauf.
Schüler neigen dazu, im Lehrer eine Art Personifikation des Schulsystems zu sehen. So werden Konflikte der Makroebene (Gesellschaft ↔

Schulsystem) auf die Mikroebene (Schüler ↔ Lehrer) übertragen. Schule verteilt Noten und hat damit Einfluss auf das spätere Leben des Schülers. Für den Schüler ist es der Lehrer, der solche Chancen vergibt oder auch nicht und gegen ihn wird sich seine Wut richten, wenn er nicht die gewünschte erhält.
So gibt der Schüler häufig dem Lehrer die Schuld für seine Misserfolge. Vom Lehrer aus gesehen, ist die Sicht nicht weniger fatal. So schreiben diese i.d.R. den Schülern die Misserfolge zu und begründen diese mit ihrer Unfähigkeit.

Typische Konflikte zwischen Lehrern und Schülern, die durch gestörte Beziehungen hervorgerufen werden oder solche hervorrufen, entstehen beispielsweise in folgenden Situationen:

- Lehrer fühlt sich durch Schülerhandlungen in der Durchführung seines Unterrichts gestört
- Schüler erkennen Autorität des Lehrers nicht an
- Lehrer verlangt uneingeschränkten Gehorsam
- Lehrer kümmert sich nicht um individuelle Problem der Schüler
- Lehrer lässt im Unterricht kein Raum für Emotionales
- Schüler provozieren oder zeigen aggressive Verhaltensweisen
- Lehrer zeigt unangemessenes Verhalten gegenüber Schülerhandlungen (siehe oben)
- Lehrer begründet Misserfolge der Schüler allein durch ihre Unfähigkeit
- Schüler begründen eigene Misserfolge mit der Unfähigkeit des Lehrers
- Schüler oder Lehrer fühlen sich nicht verstanden
- Lehrer erkennt Leistungen der Schüler nicht genügend an
- Schüler erkennen Leistungen und Bemühungen des Lehrers nicht genügend an
- Lehrer schenkt den Schülern kein Vertrauen
- Lehrer bewertet ungerecht, zieht bestimmte Schüler vor oder reagiert nur auf negative Verhaltensweisen
- ...

2.2.2. Konflikte, die darauf beruhen, dass Schüler die Anweisungen des Lehrers nicht oder nur teilweise erfüllen

Den Lehrern kommt in der Grundschule die Aufgabe zu, für eine gute Arbeits- und Lernatmosphäre zu sorgen. Daher versuchen diese znächst mit viel Zeit und Energie, Ruhe und Ordnung herzustellen. Es ist nur allzu natürlich, dass bei dem Zusammentreffen vieler Personen eine allgemeine Unruhe entsteht, zumal wenn diese nicht freiwillig in eine ruhige Arbeitsatmosphäre eintauchen wollen, da sie wahrscheinlich andere Interessen haben. Kann ein Lehrer trotz Anwendung verschiedener Strategien nicht diese notwendige Ruhe herstellen, sieht er seine Aufgabe nicht erfüllt und fühlt sich zunehmend gestört. Die Schüler, die sich zunehmend an der Ausführung ihrer Interessen behindert sehen, fühlen sich ebenfalls gestört, so dass sich der Konflikt entwickelt.
Natürlich gibt es noch viele andere Situationen, in denen Anweisungen nicht erfüllt werden, z.B. wenn die Schüler Hausaufgaben aufbekamen, die der Vorbereitung auf die nächste Stunde dienten und sie diese nicht oder nur ungenügend erledigten. Ähnlich verhält es sich, wenn die Schüler bestimmte Materialien mitbringen sollten, die in der folgenden Stunde gebraucht werden. In diesen beiden Fällen kann der Lehrer die Stunde nicht in der Art durchführen, wie er sie geplant hatte.
Immer wieder zählen dazu Situationen, in denen sich der Lehrer daran gehindert sieht, seinen Pflichten als Lehrperson nachzukommen.
Den Schülern fehlt häufig die Einsicht, bestimmte Dinge tun zu müssen. Sie verstehen nicht den Sinn bestimmter Anweisungen und Pflichten und reagieren dementsprechend nicht oder nur unzureichend.

Typische Konfliktsituationen sind beispielsweise folgende:

- Lehrer bittet um Vorbereitung für die folgende Stunde, Schüler kommen dem nicht nach
- Lehrer muss ruhige Arbeitsatmosphäre herstellen, Schüler sind aufgrund Bewegungsmangel nicht mehr in der Lage, still zu sitzen
- Lehrer verlangt Konzentration, Schüler sind aber mit ihren Gedanken woanders gefangen
- Lehrer erklärt mathematische Formel, Schüler wissen nicht wozu sie diese verstehen sollen
- Lehrer setzt ein Kind neben ein anderes, Schüler missfällt dieses, da sie sich nicht ausstehen können
- ...

3. Wie wird ein bestimmtes Konfliktverhalten erlernt?

In den vorangegangenen Abschnitten bin ich bereits auf mögliche Ursachen, die das Verhalten in Konfliktsituationen beeinflussen, eingegangen (siehe u.a. Einflüsse auf den Konfliktverlauf, Einflüsse von Alter, Geschlecht und sozialer Situation). Diese möchte ich hier nicht noch einmal aufführen. In diesem Abschnitt möchte ich aber einige wesentliche, ausgewählte Ursachen näher erläutern, die zu einem bestimmten Verhalten in Konflikten führen. Ich möchte aber darauf hinweisen, dass darüber hinaus auch noch vielfältige andere Faktoren eine Rolle spielen können.

In Konflikten ein bestimmtes Verhaltensmuster zu zeigen, beruht in erster Linie auf **Lernprozessen**. So erlernt man ein bestimmtes Verhalten, wenn genau dieses immer wieder zum Erfolg führt (sog. „**operante Konditionierung**" von *Skinner*) oder wenn man bei anderen beobachtet, dass ein bestimmtes Verhalten erfolgversprechend ist (sog. „**Beobachtungslernen**" von *Bandura* 1976).
Ebenso hat die **Gewohnheit** einen Einfluss auf unser Verhalten, die allerdings wiederum in Abhängigkeit von den gemachten Erfahrungen steht. Verhaltensgewohnheiten sind Verhaltensweisen, die immer auftreten, unabhängig von einer bestimmten Situation (vgl. *Zuschlag & Thielke* 1992). Wenn ein bestimmtes Verhalten immer wieder gleiche Wirkungen hervorruft, führt dieses zu einer gleichgerichteten Verhaltensgewohnheit, sofern die Wirkungen oder Ergebnisse erwünscht sind. Ist dieses nicht der Fall, wird man sein Verhalten entsprechend ändern und bei entsprechend positiver Wirkung wiederum eine Verhaltensgewohnheit herausbilden.
Zuschlag & Thielke (1992) haben diese Zusammenhänge in den folgenden Übersichten (Abb. 2 und 3) deutlich dargestellt.

Wenn konfliktschaffendes oder –verschärfendes Verhalten Freude, Gewinne oder Zuwendung und damit Erfolge und Vorteile zur Folge hat, wird dieses Verhalten auch bei künftigen Konflikten Priorität haben. Wird dieses sehr häufig gleiche Ergebnisse erzielen, entsteht eine konfliktschaffende oder –verschärfende Verhaltensgewohnheit.
Schafft das gleiche Verhalten Ärger, Ablehnung oder Verluste und bringt damit Misserfolge und Nachteile, wird die betreffende Person dazu tendieren, ihr Verhalten zu ändern. Sollte sie dann auf ein konfliktvermeidendes oder –lösendes Verhalten zurückgreifen, dass ihr Vorteile und Erfolge einbringt, kann sich bei künftiger Konfliktbewältigung dieses Verhalten festigen und zur Herausbildung einer konfliktvermeidenden oder – lösenden Verhaltensgewohnheit führen.

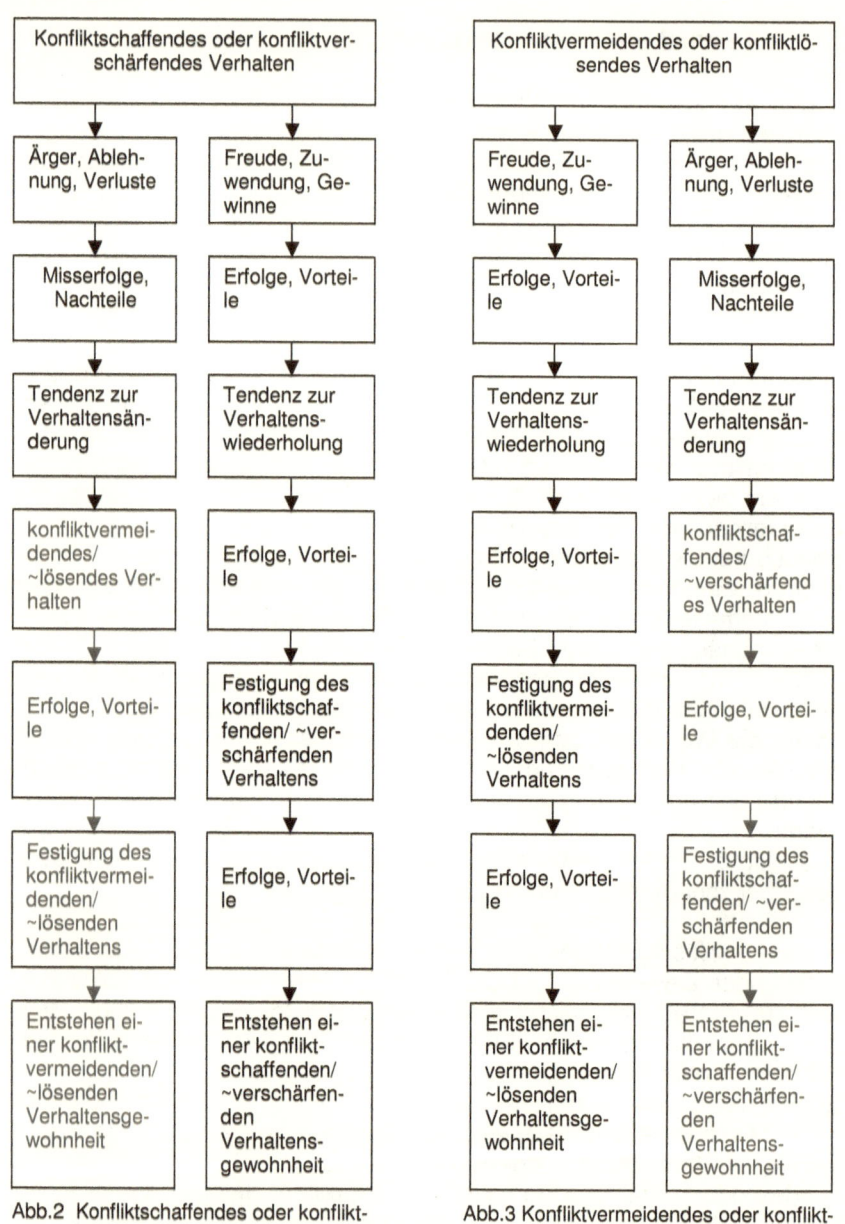

Abb.2 Konfliktschaffendes oder konfliktverschärfendes Verhalten [5]

Abb.3 Konfliktvermeidendes oder konfliktlösendes Verhalten [5]

---

[5] nach *Zuschlag & Thielke* 1992, S.78/79;
Die blau gekennzeichneten Felder halte ich für diskussionswürdig. Vergleiche dazu die Erklärungen!

Wenn ich mich bei diesen Ausführungen auch stark auf Zuschlag & Thielke stütze, so will ich diese an dieser Stelle doch etwas modifizieren. Bei dem zuletzt dargestellten Strang bin ich zwar ebenfalls der Ansicht, dass eine Tendenz zur Verhaltensänderung besteht, wenn das Verhalten Misserfolge und Nachteile hervorbringt. Damit ist allerdings nicht gesagt, dass anstelle des konfliktschaffenden oder –verschärfenden Verhaltens nun ein konfliktvermeidendes oder –lösendes Verhalten eingesetzt wird. Die Änderungen könnten auf einem Strang gesehen, mit den beiden dargestellten Verhaltensweisen als Polen, auch geringfügigere Ausmaße annehmen und sowohl in die eine Richtung (weniger konfliktschaffend oder –verschärfend) als auch in die andere Richtung (noch mehr konfliktschaffend oder –verschärfend) tendieren.
Weiterhin erscheint es mir problematisch, konfliktvermeidendes Verhalten mit konfliktlösendem Verhalten gleichzusetzen, bzw. diese einer gleichen Stufe zuzuordnen. Wie ich schon gezeigt habe, ist das Vermeiden eines Konflikt keineswegs eine anzustrebende Methode, wenn es darum geht, konfliktfähig zu werden.

Ist ein konfliktvermeidendes oder konfliktlösendes Verhalten der Ausgangspunkt (Abb.3) verhält es sich ähnlich. Werden durch dieses Verhalten Freude, Zuwendung und Gewinne ausgelöst, die Erfolge und Vorteile nach sich ziehen, wird dieses Verhalten mit großer Wahrscheinlichkeit wiederholt werden und bei entsprechend gleichen Wirkungen festigt es sich. So kann hier eine konfliktlösende oder konfliktvermeidende Verhaltensgewohnheit entstehen.
Zieht das gleiche Verhalten Ärger, Ablehnung und Verluste und damit Misserfolge und Nachteile nach sich, wird die Person dazu tendieren, ihr Verhalten zu ändern, wobei auch hier nicht gesagt ist, welches Verhalten anstelle des anderen gewählt werden wird. Führt das neue Verhalten wiederum zu Erfolgen und Vorteilen, wird sich dieses verfestigen und zur Herausbildung einer Verhaltensgewohnheit führen.

Nach diesen Ausführungen stellt sich natürlich die Frage, weshalb Kinder bisher in nur ungenügender Weise oder gar nicht gelernt haben, Konflikte gewaltfrei zu regeln. Haben sie wirklich keine positiven Verhaltensmodelle kennen gelernt und haben sie im Umgang mit Konflikten nicht selbst erfahren, welche konfliktlösenden Verhaltensweisen zu Erfolgen und Vorteilen führen?
Wenn man darüber intensiver nachdenkt, muss man leider erkennen, dass diese Tatsachen häufig der Realität entsprechen. Kinder bekommen nur selten die Gelegenheit, positive Formen der Konfliktregulierung zu erleben. Stattdessen erfahren sie oft, dass Gewalt ein akzeptables

Mittel der Konfliktaustragung ist. Das geschieht in folgenden Zusammenhängen:

A) Im persönlichen Umgang mit anderen

Sehr viele Erwachsene (darunter auch Eltern, Erzieher und Lehrer) nutzen im Umgang mit Kindern ihre Autorität oder ihre körperliche und geistige Überlegenheit, um ihre Interessen und Bedürfnisse (oft auch mit der Absicht, den Kindern Gutes zu tun) durchzusetzen. Dabei lassen sie sich nur selten auf Verhandlungen und echte Verständigung, die für jede positive Konfliktbewältigung aber notwendig wären, ein. Wehren sich Kinder dagegen, werden Strafen angedroht, Ängste geschürt, sie werden abgewertet oder lächerlich gemacht. Manche wenden bei ihnen körperliche Gewalt an und andere drohen (bewusst oder unbewusst) mit Liebesentzug.
Hinzu kommt, dass eigene Spannungen und Aggressionen mitunter an den Kindern ausgelassen werden.

Auch im Umgang mit anderen Kindern erfahren sie, dass Gewalt ein Mittel ist, mit dem man sich durchzusetzen kann. Wie bereits dargestellt, entwickeln Kinder erst im Laufe ihrer Entwicklung die Fähigkeiten, die es ihnen erlauben, die Bedürfnisse des anderen wahrzunehmen und sich in andere hinein zu versetzen. Somit setzt sich in der Regel der Stärkere durch. Schlicht falsch ist es aber, wenn Erzieher an diesen Stellen nicht eingreifen und damit das gewalttätige Vorgehen akzeptieren (vgl. *Sturzbecher* 2002). Wenn sie doch eingreifen, zeigen sie dabei häufig keine alternativen Wege auf, wie die Kinder den Konflikt selbst lösen könnten, sondern wenden ihre Aufmerksamkeit dem Täter zu und geben ihre eigenen Lösungen vor.
Aufgrund geschlechtsspezifischer Vorbilder sind besonders Jungen häufig unter Druck gesetzt, stark sein zu müssen und keine Schwächen zu zeigen. So neigen Jungen häufiger zu offenen körperlichen Auseinandersetzungen. Auch die Erwartungshaltung der Lehrer gegenüber der Kinder trägt u.a. dazu bei. Wenn früher viel mehr auf den Verstand der Jungen gesetzt wurde, so herrscht heute, nicht zuletzt durch die fortschreitende Emanzipierung der Frau, das Bild vor, dass Mädchen im Allgemeinen vorbildlich, klug und sozial sind und Jungen störend, laut und zappelig (vgl. *Walker* 1995).

B) In den Medien

Zum einen können Kinder in Spielfilmen, Trickfilmen, Krimis u.ä. imaginäre Gewalt erfahren und sehen, dass diese zu erfolgreichen Konfliktlösungen führt. Gefährlicher ist aber, meiner Meinung nach, dass Kinder in

Nachrichten, Berichten, Zeitschriften, etc. reale Gewalt als akzeptables Mittel zur Konfliktaustragung vorgestellt bekommen. Dabei geht es nicht nur um von der Allgemeinheit verurteilte Gewalt (z.b. von Straftätern), sondern durchaus auch um gesellschaftlich akzeptierte Gewalt (z.B. Gewalt gesellschaftlicher und kriegerischer Auseinandersetzungen).

Über die dargestellten lerntheoretischen Grundlagen hinaus, sind auch andere Sozialisationsbedingungen für die Erklärung eines bestimmten Verhaltens in Konflikten von herausragender Bedeutung. Dazu zählen z.b. das erfahrene **Selbstwirksamkeitserleben** (erfahren zu haben, selbst etwas bewirken zu können) und die **soziale Akzeptanz**, die uns von anderen entgegengebracht wird. Fühlen sich Menschen in ihrer Art und mit ihrem Verhalten akzeptiert und haben sie das Gefühl, dazu zu gehören, gebraucht zu werden und etwas bewirken zu können, werden sie positivere Beziehungen zu anderen aufbauen und ihren Platz in der Gemeinschaft finden. Ebenso wird sich dieses positiv auf ihr **Selbstbild** auswirken, was wiederum das Verhalten in sozialen Situationen mit beeinflusst. Eine gestärkte **Ich-Identität**, die sich unter Einfluss der aufgeführten Faktoren entwickelt, ist auch für das Aushalten von Misserfolgen und die Frustrationsregulation in Konflikten besonders bedeutsam.

Bei einem Training konstruktiver Konfliktlösetechniken wäre es demnach sinnvoll, die Schüler erleben zu lassen, welche positiven Wirkungen ein konfliktlösendes Verhalten auslösen kann und positive Verhaltensweisen zu fördern, indem man positives bzw. erwünschtes Verhalten durch Akzeptanz, Zuwendung, Bestätigung und Unterstützung, die man den Schülern entgegenbringt, verstärkt.
Eine Schulung der Selbstwahrnehmung sowie die Förderung von Selbstwirksamkeitserleben und gegenseitiger sozialer Akzeptanz wirken sich auf das Verhalten in Konfliktsituationen positiv aus.

4. Wie kann man mit Konflikten umgehen?

Bei den meisten Konflikten reagieren die Beteiligten intuitiv, d.h. sie überlegen sich nicht, welche Strategie sie wählen könnten. Dabei sind erfahrungsgemäß zwei verschiedene Extreme zu beobachten.

4.1. Flucht als mögliche Reaktion auf Konflikte

Personen, die dazu tendieren, Konflikte zu vermeiden oder diese so schnell wie möglich zu beenden, hoffen durch ihr Verhalten, die Situation zu entschärfen und versuchen sich selbst zu beruhigen. Indem sie nach einem Ausgleich suchen (z.B. sich zurückziehen, um zu malen; mit einem anderen Freund spielen; wütend etwas zerstören; den Ärger an anderen auslassen; usw.) wird durch die motorischen Tätigkeiten und durch die Ablenkung die Entspannung aktiv unterstützt. Da diese Verhaltensweisen relativ schnell zu positiven Konsequenzen führen, werden diese rasch erlernt.
Allerdings wird auf diese Art der Konflikt nicht gelöst. Er bleibt bestehen, kann sich verfestigen und immer wieder aufbrechen. Die Probleme des Konfliktpartners bleiben dabei vollkommen unberücksichtigt, was das Aufrechterhalten einer positiven sozialen Dauerbeziehung beeinträchtigt (vgl. *Neubauer* 1992).

In der Schule, vor allem auf Seiten des Lehrers, trifft man häufig auf Bestrebungen, Konflikte zu unterdrücken oder sie beiseite zu schieben. Oft scheint für die Bearbeitung dieser einfach keine Zeit zu sein. Die Pausen sind nur kurz, Lehrer wollen diese in der Regel auch nicht opfern und im Unterricht stehen „wichtigere" Dinge an. Hinzu kommt, dass Lehrer meist ein ausgesprochenes Harmoniestreben besitzen.

4.2. Kampf als mögliche Reaktion auf Konflikte

In einem Kampf geht es immer ums Siegen oder Verlieren. Zeigen Personen Verhaltensweisen, die darauf abzielen, zu gewinnen, besteht immer die Gefahr der Machtausnutzung einer Partei und einer enormen Frustration auf der anderen Seite, was wiederum Konfliktpotentiale vorprogrammiert.
Dadurch, dass sich die Fronten zunehmend verhärten, führt diese Strategie auch häufig zur Eskalation des Konflikts, wobei oft auf Gewalt als Mittel der Konfliktaustragung zurückgegriffen wird, da dieses Modell bekannt ist (Familie, Kita, Schule, Fernsehen, Politik, Nachrichten, usw.) und so die Möglichkeit besteht, die eigenen Interessen durchzusetzen.
Stehen sich zwei gleichstarke Parteien in einem Konflikt gegenüber, wird diese Strategie für keine Partei etwas bringen, da sich die beiden nur im Kreise drehen und die Konfliktursache nicht erkannt und beseitigt wird.

Konflikte werden also auch hier nicht zufriedenstellend gelöst. Es wird dabei immer mindestens eine Partei geben, die ihre Bedürfnisse nicht befriedigen kann und das weitere Zusammenleben so enorm behindert wird.

Gerade die Schule ist eine Institution, in der Macht unter dem Deckmantel der Autorität allgemein anerkannt und weitestgehend angewandt wird. Da die meisten Lehrkräfte meinen, Konflikte nur durch ein Sieg-Niederlage-Verhältnis lösen zu können, versuchen sie sich gegenüber den Schülern „mit aller Macht" durchzusetzen, um nicht selbst verlieren zu müssen. Die Schule autorisiert sie dazu und stellt ihnen Mittel, wie Noten, Zeugnisse, Nachsitzen, Elternbriefe, Tadel, Verweise, usw., zur Verfügung. Natürlich versuchen die Schüler sich mit zunehmenden Alter auch dagegen zu wehren. Wer möchte schon gern bevormundet werden und in Konflikten verlieren? Allmählich wird so ein gegenseitiges Feindbild aufgebaut, was ein konstruktives gemeinsames Lehren und Lernen verhindert und keine befriedigenden Ergebnisse in Konflikten hervorbringt.

Im Gegenteil: Gordon (1977) fasst zusammen, welche negativen Folgen eine solche vom Lehrer angewendete Konfliktstrategie hervorrufen kann:

- Sie erzeugt im Verlierer Unmut und oft intensive Feindseligkeit dem Sieger gegenüber. Kein Mensch hat es gerne, herumkommandiert zu werden und seine Bedürfnisse frustriert zu sehen.
- Sie motiviert den Verlierer nur in sehr geringem Ausmaß, den Lösungsvorschlag durchzuführen.
- Sie verlangt häufig vom Gewinner die Anwendung eines starken Zwanges. („Ich verbringe die Hälfte meiner Zeit im Klassenzimmer damit, die Rolle eines Polizisten zu spielen.") Wenn der „Aufpasser" einmal nicht anwesend ist, richten sich die Verlierer nicht nach den ihnen gesetzten Regeln.
- Sie behindert das Entstehen von Verantwortung und Planung für die eigene Person und fördert Abhängigkeit und Unselbständigkeit.
- Sie lässt durch Furcht Gehorsam und Unterordnung entstehen und verhindert die Entwicklung von Kooperation und Rücksichtnahme. Wirkliche Kooperation wird nie dadurch erreicht, dass der Schüler durch Zwang etwas tun muss.
- Sie verhindert Kreativität, Forscher- und Erfindergeist. Solche Eigenschaften gedeihen selten in einem Klima der Angst und Unterdrückung.
- Sie erzeugt geringe Leistung, niedrige Arbeitsmoral, wenig Befriedigung durch die Arbeit und eine hohe Anzahl von Versagern.

- Sie verhindert das Entstehen von Selbstdisziplin und Selbstkontrolle, die sich nicht entwickeln können, wenn die Lehrer qua ihrer Machtstellung Kontrolle ausüben.
- Sie lässt nur mit sehr geringer Wahrscheinlichkeit eine einmalige, kreative oder wie Psychologen es nennen, eine „elegante Lösung" entstehen.

(aus: Gordon 1977, S.159)

Wenn Lehrer (und andere Erwachsene) auf diese Weise handeln, ist es aufgrund lerntheoretischer Erkenntnisse sehr wahrscheinlich, dass die Schüler dieses Verhaltensmodell für sich übernehmen, also immer nach dem Motto handeln: „Der Stärkere setzt sich durch."

Da sich die beiden dargestellten Verhaltensweisen nicht als Wege für eine beiderseitig zufriedenstellende Konfliktlösung eignen, gilt es, nach einer Alternative zu suchen:

4.3. Verständnis und Verständigung als mögliche Reaktionen in Konflikten

In den bisherigen Kapiteln ist schon angeklungen, worum es dabei geht. Die Strategie, die es ermöglicht, einen Konflikt zu klären und sich zu verständigen, ohne dass dabei einer verlieren muss, ist die der **konstruktiven Konfliktbewältigung**.
Nur wenn sich die Beteiligten nicht gegenseitig angreifen oder sich aus dem Weg gehen, sondern versuchen, einander zu verstehen und durch eine gleichberechtigte Einigung den Konflikt zu lösen, können Konflikte die unter Punkt 1.3. aufgeführten positiven Funktionen erfüllen.
Im Gegensatz zu den beiden anderen Varianten ist es notwendig, mit einer gewissen Rationalität vorzugehen, was allerdings nicht bedeutet, dass Gefühle und Wahrnehmungen außen vor bleiben müssen. Wichtig ist aber, dass die jeweiligen Schritte und Handlungsmotive vernünftig koordiniert werden, was durchaus erlernbar ist.

5. Was bedeutet konstruktive Konfliktbewältigung?

5.1. Begriffsbestimmung

Konstruktive Konfliktbewältigung meint, den Konflikt als etwas Positives zu sehen, als Chance, etwas Neues entstehen zu lassen, wovon beide Seiten gleichermaßen profitieren. Bei dieser Art, mit Konflikten umzugehen, gibt es keine Verlierer, sondern nur Gewinner (zu gleichen Teilen). So werden nicht nur die kommunikative Kompetenz, sondern auch die sozialen Beziehungen aller Beteiligten verbessert.
Konflikte werden mit diesem Hintergrund bearbeitet, indem die Partner mit gegenseitigem Verständnis über das jeweilige Problem sprechen, kooperativ nach kreativen Lösungsmöglichkeiten suchen und gemeinsame Entscheidungen treffen, die die Bedürfnisse und Interessen beider Parteien gleichermaßen berücksichtigen.
Werden die folgenden Grundsätze der konstruktiven Konfliktbewältigung zumindest von einem der beiden Konfliktpartner verfolgt, kann ein Konflikt in oben beschriebener Weise behandelt und eventuell bewältigt werden.

5.2. Zehn Grundsätze der konstruktiven Konfliktbewältigung

Ich habe im Folgenden versucht, die Erfordernisse einer konstruktiven Konfliktbewältigung, die in vielen Abhandlungen ähnlich umfassend dargestellt werden, in zehn Grundgedanken zu bündeln:

1. Auf Androhung und Einsatz von physischer und psychischer Gewalt wird verzichtet.

2. Die Beteiligten zeigen Achtung vor sich selbst und vor anderen.

3. Macht darf, falls ein Machtungleichheitsverhältnis vorliegt, nicht ausgenutzt werden. In der Kommunikation sind alle gleichberechtigt.

4. Der Konflikt wird als gemeinsames Problem erkannt. Einseitige Handlungen oder Schuldzuweisungen unterbleiben.

5. Beide Parteien müssen bereit sein, ihre Bedürfnisse, Wünsche und Ängste offen und vertrauensvoll zu äußern, sowie die des anderen wahrzunehmen und zu achten.

6. Es wird nur um die Sache gestritten, nicht um Standpunkte oder Recht und Unrecht. Genauso muss zwischen Problem und Person unterschieden werden (nicht die Person angreifen, sondern das Problem angehen).

7. Ein Perspektivenwechsel ist notwendig, um die Sichtweisen und Zwänge des Gegenübers zu erkennen und umgekehrt, Verantwortung für den eigenen Konfliktanteil zu übernehmen oder auch sein eigenes Verhalten in Frage zu stellen.

8. Es müssen sich beide gleichermaßen an der Lösungssuche beteiligen, wobei zunächst viele verschiedene Lösungsmöglichkeiten vorgeschlagen werden, wovon kooperativ eine ausgewählt wird, die die Bedürfnisse und Interessen beider Parteien berücksichtigt. (Es gibt keine Verlierer!)

9. Falls es notwendig erscheint, sollte zur Vermittlung ein neutraler Dritter mit einbezogen werden.

10. Im Anschluss an die Konfliktbearbeitung geben sich die Beteiligten ein Feedback und überprüfen, inwieweit die Lösung funktioniert.

Diese Grundsätze der konstruktiven Konfliktbewältigung bilden die Grundlage für den zweiten Teil dieser Arbeit, die Erarbeitung eines Trainings für Lehrer und Schüler der Grundschule.

Teil II Trainingsmöglichkeiten in der Grundschularbeit: „Konflikte konstruktiv lösen lernen"

6. Grundlegende Überlegungen

In diesem Teil der Arbeit möchte ich Möglichkeiten aufzeigen, wie Kinder und Lehrer in der Grundschule lernen können, ein Klima gegenseitigen Respekts zu entwickeln und darin Konflikte konstruktiv zu bewältigen. Aufbauend auf die theoretische Auseinandersetzung mit Konflikten in der Grundschule (siehe Teil I) und die Beschäftigung mit verschiedenen Programmen zur Konfliktbewältigung und Gewaltprävention[6], habe ich die folgenden Anregungen, Übungen und Spiele zum Teil zusammengetragen und weiterentwickelt (siehe Angabe der Quelle), teils aber auch selbst erarbeitet (ohne Quellenangabe).

Der zweite Teil der Arbeit ist in zwei Abschnitte untergliedert.
Im ersten Abschnitt sind Möglichkeiten aufgezeigt, wie Lehrer konstruktive Konfliktbewältigung erlernen und zu einem vertrauensvollen Klima zwischen sich und den Schülern beitragen können. Dabei ist es möglich, dass ein Lehrer die Anregungen und Übungen allein bearbeitet oder dass sie zu einer Schulung eines ganzen Lehrerkollegiums herangezogen werden. Letzteres wäre natürlich für die Bereicherung und Verbesserung des Schulklimas und das Erlernen konstruktiver Konfliktbewältigung aller Schüler von Vorteil. Es geht vorrangig darum, dass Lehrer zunächst selbst ihr Verhalten in Konfliktsituationen überdenken, sie Regeln der konstruktiven Konfliktbewältigung und effektiver Kommunikation erlernen und die Beziehung zu ihren Schülern verbessern. Ich konnte feststellen, dass diese Komponenten in vielen Programmen zu kurz kommen. Oft wird nur in einem kurzen Vorwort oder unter „Voraussetzungen" auf die wichtige Rolle des Lehrers hingewiesen, aber konkrete Anleitungen und Überlegungen fehlen. Wenn Lehrer jedoch nicht bereit sind, auch das eigene Verhalten zu hinterfragen und sich in der Kommunikation mit den Schülern auf die gleiche Stufe zu stellen sowie in Konflikten kompetent zu reagieren, so, wie sie es von den Schülern erwar-

---

[6] Die Programme, auf die ich mich hauptsächlich stütze sind:
Faller, Kerntke & Wackmann (1996): *Konflikte selber lösen* (Offenbacher Modellprojekt); Walker (1995): *Gewaltfreier Umgang mit Konflikten in der Grundschule*; Drew (2000): *Kinder lernen zusammen streiten und gemeinsam arbeiten*; Pädagogisches Zentrum Rheinland-Pfalz (Hrsg.) (2002): *Streitschlichtung durch Schülerinnen und Schüler;* Petermann, Jugert, Tänzer & Verbeek (1997): *Sozialtraining in der Schule;* Gordon (1977): *Lehrer-Schüler-Konferenz;* Welz, E. & Dussa, U. (Hrsg.) (1998): *Mädchen sind besser – Jungen auch. Konfliktbewältigung für Mädchen und Jungen*

ten, werden sie kein Programm mit den Schülern erfolgreich durchführen können.
Ein weiterer wichtiger Punkt dieses Abschnitts ist die Zusammenarbeit und Einbeziehung der Eltern. Es wäre zwar utopisch anzunehmen, damit das Erziehungsverhalten der Eltern grundlegend zu ändern, doch könnten auch sie mit einigen Regeln vertraut gemacht werden, um vielleicht angemessener auf neu erworbene Fähigkeiten der Kinder zu reagieren. Erfahrungsgemäß sind viele Eltern sogar dankbar, in die schulische Arbeit mit einbezogen zu werden oder erzieherische Hilfen angeboten zu bekommen, auch wenn es daneben auch oft solche gibt, die sich für solche Belange nicht interessieren.

Die Anleitungen und Übungen des zweiten Abschnitts stellen Trainingsmöglichkeiten dar, die zeigen, wie Schüler prosoziale Verhaltensweisen aufbauen und konstruktive Konfliktbewältigung einüben können. Dabei stehen nicht nur Anleitungen zur friedlichen Bewältigung von Konflikten im Vordergrund, sondern auch Spiele und Übungen, die allgemeine soziale Kompetenzen fördern, ohne die eine konstruktive Konfliktbewältigung nicht möglich sein wird. Solche sind beispielsweise Übungen zur Selbst- und Fremdwahrnehmung, zum Umgang mit Gefühlen, zur effektiven Kommunikation und zur Kooperation.
Ich möchte aber betonen, dass es sich nicht um ein starres Trainingsprogramm handelt, welches in einer festgelegten Zeit durchgearbeitet werden muss. Vielmehr sollten die Übungen der jeweiligen Situation und den Bedürfnissen entsprechend ausgewählt, zusammengesetzt und in den allgemeinen Unterricht integriert werden. Erfahrungen oder Erkenntnisse, die aus diesen gewonnen werden, bedürfen der täglichen Anwendung im Umgang miteinander. Nur so wird es möglich sein, bestimmte soziale Fähigkeiten zu entwickeln und dauerhafte Erfolge zu erzielen.
Es sind allerdings keine sofortigen radikalen Veränderungen im Umgang mit Konflikten bei den Lehrern und den Schülern zu erwarten. Bei einer sensiblen Beobachtung werden jedoch sicher kleine, aber ebenso bedeutsame Fortschritte erkennbar sein.
Viele Programme wenden darüber hinaus viel Zeit für den Aufbau und das Training von Mediatoren und Streitschlichtergruppen auf. Auch ich halte dieses für sehr hilfreich, vorausgesetzt alle anderen Lehrer und Schüler durchlaufen ein Programm, das solche Trainingsmöglichkeiten, wie die hier vorliegenden, beinhaltet. Insofern erscheint es mir zunächst wichtiger, ein Klima des Vertrauens und der gegenseitigen offenen Kommunikation zu schaffen und alle in den Methoden der konstruktiven Konfliktbewältigung zu schulen. Wenn auch dann noch Konflikte auftreten, die die Schüler nicht allein bewältigen können, ist es von Vorteil, wenn Mediatoren hinzugezogen werden können. Der Aufbau einer Mediatorengruppe wäre daher zwar ein weiterer Schritt, aber nicht das An-

liegen dieses Trainings. Dennoch habe ich Methoden der Streitschlichterausbildung in die Übungen mit eingebaut, da sie in der Konfliktbewältigung für jeden sehr hilfreich sein können.

Auf den nächsten Seiten sind Übersichten zu den verschiedenen Aspekten des Trainings zu finden. Das Training ist für Lehrer in sechs und für die Schüler in fünf verschiedene Bausteine aufgegliedert, die ich in dieser Form selbst erarbeitet und zusammengestellt habe.
Die Zuordnung der verschiedenen Ziele zu den Bausteinen sollte nur zur Orientierung dienen. Einige Aufgaben und Ziele werden in mehreren Bausteinen bearbeitet, auch wenn sie in der Übersicht nur unter einem Baustein aufgeführt sind. Man sollte das Ganze als Einheit begreifen, da eins ins andere greift und in allen Bausteinen letztendlich ein gemeinsames Ziel verfolgt wird.
Mit Sicherheit werden nach der Durchführung der Übungen nicht alle Teilziele von den Lehrern und Schülern hundertprozentig erreicht werden. Aber das ist auch nicht das Anliegen. Vielmehr stimme ich mit den Initiatoren des „Offenbacher Modellprojekts" überein, die feststellen: „Kein Training kann etwas anderes leisten, als den Blick der SchülerInnen für ihre Konflikte zu schärfen, ihnen Kenntnisse über Gesetzmäßigkeiten im Verlauf der Konflikte zu vermitteln und ihnen schließlich noch ein paar Fertigkeiten für den konstruktiven Umgang mit Konflikten beizubringen." (*Faller, Kerntke & Wackmann* 1996, S.8). Ähnliches gilt natürlich auch für ein Lehrertraining. Durch die Umsetzung verschiedener Gedanken und Hinweise könnte darüber hinaus auch das Klima in der Klasse oder Schule positiv beeinflusst werden, was den Umgang mit Konflikten sehr erleichtern wird.

6.1. Bausteine (BS) und wichtige Aspekte des Trainings für Lehrer

Beziehung zu den Schülern verbessern (BS 1)

- Schüler akzeptieren und ihnen Vertrauen und Bestätigung entgegenbringen
- Persönlichkeit der Schüler stärken
- sich über eigene Einstellungen, Erwartungen u. Alltagstheorien bewusst werden u. eigene Zweifel und Fehler eingestehen können
- Autorität nicht als Macht missbrauchen
- Schüler in Entscheidungsprozesse mit einbeziehen
- eigenen Stress abbauen

Effektive Kommunikation (BS 3)

- Kommunikationsregeln
- Körpersprache deuten
- Gefühle eingestehen und ausdrücken
- keine Kommunikationsblocker verwenden
- Gesprächsbereitschaft zeigen
- aktives Zuhören
- Ich-Botschaften

Konstruktive Konfliktbewältigung (BS 4)

1. eigene Konflikte mit Schülern bewältigen
- Regeln (Konfliktanalyse, Konfrontieren mit Ich-Botschaften, aktives Zuhören, Lösungssuche)
- authentisches Handeln

2. auf Konflikte zwischen Schülern reagieren
- Umgang mit Gewalt
- Mediation
- Programm durchführen und im Alltag integrieren

Lehrer lernen konstruktive Konfliktbewältigung

Umgang mit unangemessenem Schülerverhalten (BS 5)

- mit Schülern Regeln vereinbaren
- Konsequenzen bei Regelverletzungen bekannt machen u. für konsequente Einhaltung sorgen
- Toleranzgrenze festlegen
- hinterfragen, welche Botschaft hinter einem negativen Verhalten liegt
- unangemessenem Verhalten nicht zuviel Aufmerksamkeit widmen
- nur Verhalten verurteilen, nicht die Person
- auf professionelle Hilfen zurückgreifen

Elternarbeit (BS 6)

- Informationsbriefe zur Durchführung des Programms
- Aufgaben, bei denen die Eltern gebeten werden, ihren Kindern zu helfen
- Elternabende mit Informationen, praktischen Übungen und Zeigen von Arbeiten der Kinder
- gemeinsame Aktionen

Unterrichtsgestaltung (BS 2)

- Unterricht auf kognitiver und affektiver Ebene gestalten (ganzheitlich)
- Erfahrungen machen lassen (handlungsorientiert)
- Spaß und Abwechslung
- kooperative Unterrichtsformen fördern
- Zeit und Bereitschaft, Konflikte austragen zu lassen
- auf Bedürfnisse der Schüler eingehen (schülerorientiert)
- authentisch handeln
- konsequente Einhaltung von Regeln, ansonsten flexibel sein

Abb.4

6.2. Bausteine und wichtige Aspekte des Trainings für Schüler

Gefühlsbildung (BS 2)
- bewussterer Umgang mit Gefühlen (Wahrnehmung und Akzeptanz eigener Gefühle, Verstehen, dass eigenes Verhalten bestimmte Gefühle bei anderen hervorruft und Wahrnehmung und Akzeptanz der Gefühle anderer)
- Mitfühlen und Mitgefühl empfangen
- Gefühle ausdrücken
- Gefühle annehmen lernen
- Gefühle sind nicht weiblich oder männlich, sondern menschlich
- Perspektivenübernahme

Kooperation und gegenseitige Achtung (BS 3)
- Auseinandersetzung mit Unterschiedlichkeiten auf ein gemeinsames Ziel hin
- Gemeinschaft stärken
- um Hilfe bitten, Hilfe annehmen und anbieten
- Bedürfnis aller Menschen nach Liebe, Geborgenheit u. Respekt erkennen
- eigene Verantwortung erkennen
- Moralentwicklung

Identitätsentwicklung (BS 1)
- Selbstwirksamkeit erleben
- soziale Akzeptanz erleben
- Wert der eigenen Person erfahren (unabhängig von der schulischen Leistung)
- eigene Stärken und die der anderen anerkennen
- Bestätigungen annehmen
- andere bestätigen
- beide Geschlechter schätzen lernen
- Selbständigkeit und Eigenverantwortung entwickeln
- Selbsteinschätzung fördern
- Selbstoffenbarungsangst abbauen

Schüler lernen konstruktive Konfliktbewältigung

Konstruktive Konfliktbewältigung (BS 5)
- konstruktives Konfliktverständnis
- Wege gewaltfreier Konfliktaustragung kennen lernen
- eskalierendes und deeskalierendes Verhalten erkennen
- über Konsequenzen des eigenen Verhaltens reflektieren
- Erkennen eigener Anteile am Konflikt
- sich selbst behaupten und Gefühle und Wünsche der anderen beachten
- flexibles Denken bei Lösungssuche
- Auseinandersetzung mit aktuellen Konflikten auf friedlicher Basis

Kommunikation (BS 4)
- Dialogbereitschaft fördern
- Kommunikation als Auslöser von Konflikten erkennen
- Kommunikationsregeln kennen lernen, die die Beziehung nicht stören
- Wünsche und Gefühle ausdrücken lernen
- aktiv zuhören
- andere Ansichten akzeptieren und sich mit ihnen auseinandersetzen
- Aushandeln lernen
- Entscheidungen treffen
- eigene Fehler eingestehen
- faire Kritik äußern

Abb.5

6.3. Zur praktischen Durchführung des Trainings

In den einzelnen Bausteinen, die jeweils spezifische Aspekte des **Trainings für Schüler** umfassen, werden im Folgenden die angestrebten Ziele in Form von Spielen und Übungen mit den Kindern besprochen und verwirklicht. Die Auswahl der Übungen und die Reihenfolge der Bearbeitung sollte der Lehrer flexibel selbst gestalten, so dass sie der jeweiligen Situation und den eigenen Bedürfnisse sowie denen der Schüler gerecht werden. Jedoch erscheint es mir aus den oben angeführten Gründen wichtig, dass Aspekte aller Bausteine beachtet werden und sich das Training beispielsweise nicht nur auf den Teil „Konstruktive Konfliktbewältigung" beschränkt. Dieser Baustein sollte zudem erst bearbeitet werden, wenn bereits die Regeln einer effektiven Kommunikation erarbeitet und eingeübt worden sind.

Ich halte es für sinnvoll, wenn der Klassenleiter die Trainingseinheiten für die Schüler durchführt, da er in der Grundschule i.d.R. die meiste Zeit in der Klasse verbringt und die Übungen somit in verschiedene Lernbereiche und Themenfelder integrieren kann. Außerdem sollten die Übungen dazu anregen, neue alternative Verhaltensweisen nicht nur in den Trainingseinheiten anzuwenden (etwa ein bis drei Mal wöchentlich), sondern vor allem auch im alltäglichen Umgang miteinander, denn soziale Kompetenzen werden nur erworben, wenn sie sich in realen Situationen als nützlich erweisen. Daher sollten die Übungen auch als Anregungen für die Betreuung von Gruppenvorgängen realer Art dienen.

Die meisten Übungen sind ab Klassenstufe 2 oder 3 durchführbar, andere aber auch schon ab der 1. Klasse. Mit geringfügigen Änderungen der Formulierungen könnten viele Übungen aber auch in anderen Altersstufen eingesetzt werden.

In dem **Training für Lehrer** werden viele Ziele nur dargestellt und nicht immer durch Übungen eingeübt. Zu einem großen Teil sind es auch Fragen, Gedanken und Anregungen, die zur Reflexion über die eigene Praxis anregen und zur Sensibilisierung im Umgang mit Konflikten beitragen sollen. Auch hier sollte sich die Bearbeitung nicht auf einzelne Bausteine beschränken, jedoch kann die Reihenfolge und die Auswahl von Übungen individuell erfolgen. Allerdings sollten dem Baustein „Konstruktive Konfliktbewältigung" hier ebenso zunächst die Bausteine „Die Beziehung zu den Schülern verbessern" und „Effektive Kommunikation" vorangehen.

Anmerkung:
Da das Training für eine praktische Anwendung konzipiert ist und sich in erster Linie an Lehrer richtet, wähle ich für die folgenden Anweisungen, Vorschläge, Übungen, usw. eine direkte Anrede.

7. Lehrer lernen konstruktive Konfliktbewältigung

7.1. Baustein 1: Die Beziehung zu den Schülern verbessern

Orientiert man sich an den Grundsätzen der konstruktiven Konfliktbewältigung[7], wird man feststellen, dass das Verhältnis des Lehrers zu seinen Schülern von enormer Bedeutung ist.
Unter anderem wird folgendes gefordert:

- Die Beteiligten zeigen Achtung vor sich selbst und vor anderen.
- Macht darf, falls ein Ungleichheitsverhältnis vorliegt, nicht ausgenutzt werden. In der Kommunikation sind alle gleichberechtigt.
- Beide Parteien müssen bereit sein, ihre Bedürfnisse, Wünsche und Ängste offen und vertrauensvoll zu äußern, sowie die des anderen wahrzunehmen und zu achten.

Eine Beziehung, in der sich der Lehrer in der Kommunikation und beim Auftreten von Konflikten nicht mehr Rechte einräumt als den Schülern und in der er bereit ist, keine Mittel anzuwenden, über die er aufgrund seiner Macht verfügt, ist notwendig, um eine vertrauensvolle Atmosphäre zu schaffen und Konflikte konstruktiv lösen zu können. Die Ausnutzung von Macht und ungerechtfertigter Autorität ruft bei den meisten Menschen, so auch bei Schülern, lediglich Widerstand und feindselige Gefühle hervor. Lehrer sollten daher den Schritt wagen, Schüler als gleichberechtigte Kommunikationspartner anzuerkennen.
Die Schüler sollten unabhängig von ihren schulischen Leistungen, von ihrer sozialen Herkunft oder der Zu- oder Abneigung, die man für sie empfindet, geachtet und angenommen werden. Erst in einer positiven Beziehung wird es möglich sein, dass Schüler und Lehrer ihre Bedürfnisse, Wünsche und Ängste vertrauensvoll äußern und aufeinander eingehen können. Daher ist es auch notwendig, sich seiner Einstellungen und seiner Erwartungen den Schülern gegenüber bewusst zu werden.
Auch Lehrer sind nur Menschen. Insofern sind auch sie nicht immer ruhig und ausgeglichen. Sie neigen allerdings oft dazu, ihre negativen Gefühle zu verdrängen und ihr aggressives Verhalten, das daraus resultiert, mit dem unannehmbaren Verhalten des Schülers zu begründen (vgl. *Walker* 1995). Daher sollten sie sich ihre wahren Gefühle eingestehen können und sich über ihr Verhalten, insbesondere über das Kommunikationsverhalten[8], bewusst werden.
In der Regel nehmen Lehrer positive Verhaltensweisen im Unterricht als selbstverständlich und ohne weitere Anerkennung auf. Dagegen wird die

---
[7] siehe „Zehn Grundsätze der konstruktiven Konfliktbewältigung" unter 5.2.
[8] siehe auch Übungen zur „Effektiven Kommunikation" unter 7.3.

Aufmerksamkeit sehr häufig auf Unterrichtsstörungen und negatives Verhalten gelenkt. Eine angenehmere und konstruktivere Atmosphäre wird jedoch schaffen, wenn der Lehrer sich angewöhnt, mehr auf das positive Verhalten zu achten, die Schüler zu bestätigen, auch wenn sie nur kleine Fortschritte machen und auf deren Stärken, anstatt auf die Schwächen zu schauen.
Lehrer, die von bestimmten Schülern nur negative Verhaltensweisen und Äußerungen wahrnehmen und damit über die gesamte Persönlichkeit des Schülers negativ urteilen, verhindern nicht nur eine gute Beziehung, sondern schaden auf indirekt gewalttätige Art auch der Persönlichkeitsentwicklung des Schülers.

■ **Überdenken Sie, wie Sie die Schüler behandeln und welche Unterschiede Sie dabei machen!**

Beispielsweise könnten Sie sich in Gedanken drei Schüler aus Ihrer Klasse aussuchen, die für Sie überwiegend annehmbare Verhaltensweisen zeigen und drei Schüler, die überwiegend unannehmbare Verhaltensweisen zeigen. Versuchen Sie nun, indem Sie Ihre Augen schließen, sich an eine nicht weit zurückliegende Unterrichtssituation zu erinnern und in die Rolle eines dieser Schüler zu schlüpfen und denken Sie dabei über folgende Fragen nach: Wie verhält sich der Lehrer mir gegenüber? Was löst das Verhalten in mir (als Schüler) aus? Was denke ich über den Lehrer? Wie reagiere ich auf das Verhalten des Lehrers?
Danach notieren Sie ihre Gedanken in Stichpunkten in der Tabelle von Abbildung 6.

Führen Sie diesen Rollentausch für alle sechs Schüler durch und vergleichen Sie anschließend Ihre Notizen! Fallen Ihnen Unterschiede zwischen dem Lehrerverhalten gegenüber den verschiedenen Schülern auf? Überdenken Sie auch, wie Sie als Schüler idealer weise behandelt werden möchten und ob dieses mit den gemachten Notizen in irgendeiner Form übereinstimmt. Notieren Sie sich, was Sie an Ihrem Verhalten verändern wollen, wie Sie dieses umsetzen können und welche Hilfe oder Unterstützung Sie eventuell brauchen. Überprüfen Sie diese Wunschliste regelmäßig in Ihrer Praxis!

	Schüler A	Schüler B	Schüler C	Schüler D	Schüler E	Schüler F
Wie verhält sich der Lehrer mir gegenüber?						
Was löst das Verhalten des Lehrers in mir aus?						
Was denke ich über den Lehrer?						
Wie reagiere ich auf das Verhalten des Lehrers?						

Abb.6

■ **Wie verhalten Sie sich den Schülern gegenüber, wenn Sie ruhig, ausgeglichen und guter Dinge sind und inwiefern verändert sich Ihr Verhalten, wenn Sie angespannt, müde oder genervt sind?**

Machen Sie sich dazu Notizen in der folgenden Tabelle:

Mein Verhalten gegenüber Schülern, wenn ich ruhig, ausgeglichen und guter Dinge bin	Mein Verhalten gegenüber den Schülern, wenn ich angespannt, müde oder genervt bin
Sprache:	Sprache:
Ich reagiere auf angemessenes Verhalten, indem ich...	Ich reagiere auf angemessenes Verhalten, indem ich...
Ich reagiere auf unangemessenes Verhalten, indem ich...	Ich reagiere auf unangemessenes Verhalten, indem ich...
Wahl der Unterrichtsmethoden:	Wahl der Unterrichtsmethoden:
Ich habe Geduld, wenn...	Ich habe Geduld, wenn...

Ich toleriere, dass ...	Ich toleriere, dass ...
Ich toleriere nicht, dass...	Ich toleriere nicht, dass...
Anderes:	Anderes:

Abb. 7

Falls Sie im zweiten Fall starke Unterschiede zur ersten Situation feststellen und Sie mit den Verhaltensweisen unzufrieden sind, da sie eventuell die Beziehung zwischen Ihnen und den Schülern belasten könnten, erscheint es ratsam, über mögliche positive Veränderungen nachzudenken.
Besonders wichtig ist dabei die Frage, wie man seine negativen Gefühle, die man zweifellos hin und wieder hat, ausdrücken kann, ohne sie unbewusst an den Schülern auszulassen. Dazu ist es hilfreich, die Übungen zur effektiven Kommunikation (v.a. „Ich-Botschaften senden") zu bearbeiten.
Scheuen Sie sich nicht davor, den Schülern zu sagen, weshalb sie ärgerlich sind. Damit vermeiden Sie, dass sich die Schüler unberechtigterweise selbst angegriffen fühlen und Sie zeigen den Schülern gegenüber ihre Offenheit und Authentizität.
Überlegen Sie darüber hinaus, was Ihnen hilft, sich in eine angenehme Stimmung zu versetzen und wie Sie Stress abbauen könnten!

■ Bestätigen Sie die Schüler!

Im allgemeinen fällt es uns meist leichter, anderen gegenüber bestimmte Verhaltensweisen zu kritisieren oder etwas anzuzweifeln. Sicherlich ist die Fähigkeit, konstruktive Kritik zu üben sehr wichtig. Andere zu bestätigen, birgt aber darüber hinaus noch viele andere Vorteile. Wer be-

kommt nicht gern gesagt, dass er etwas gut kann. Fühlt man sich von anderen bestätigt und angenommen, wird man zu diesen Personen eine bessere Beziehung aufbauen, als zu solchen, die an einem immer etwas zu kritisieren haben.
Gerade Schüler, die ein geringes Selbstwertgefühl haben, brauchen positive Rückmeldungen, auch vom Lehrer. Dagegen bekommen Schüler, die weniger gute schulische Leistungen erbringen, mehrmals täglich gesagt (direkt und indirekt), was sie alles noch nicht können, wie viele Fehler sie gemacht haben, dass sie es nie schaffen werden, was andere erreichen, usw.. Welcher Lehrer würde sich bei solch einer massiven Kritik noch wohl fühlen in seiner Haut und wer würde diese Kritik dann nicht abblocken wollen? Um eine positive Beziehung zwischen Lehrer und Schüler zu erreichen, muss der Lehrer zum einen bereit sein, zwischen Verhalten und Person zu unterscheiden und die Person zu bestätigen, auch falls ihr Verhalten häufiger negativ zu bewerten ist. Zum anderen sollte er seine Aufmerksamkeit mehr auf positives Verhalten lenken. Damit ist nicht gemeint, negatives Verhalten zu ignorieren, sondern diesem einfach weniger Beachtung zu schenken.
Beispielsweise könnten Sie für einen Schüler, der häufig zu einem nicht angemessenem Verhalten neigt, eine Liste anfertigen, auf der Sie täglich festhalten, wann und wie er ein gewünschtes Verhalten gezeigt hat. Vorteilhaft wäre es dabei, wenn Sie mit dem Schüler vorher konkret vereinbaren, welches Verhalten wünschenswert ist. Die ausgefüllte Liste könnten Sie ihm nach einer Woche überreichen und sich mit ihm darüber freuen, was er alles erreicht hat. Möglich ist auch, die Liste in einer Elternmitteilung mitzuschicken. Auch die Eltern werden sich freuen, einmal positive Nachrichten von der Schule zu erhalten.

So könnte diese aussehen:

Olli hat folgendes geschafft:	Mo	Di	Mi	Do	Fr
Ich habe mein Material dabei.					
Ich habe meine Hausaufgaben gemacht.					
Ich habe heute gut mitgearbeitet.					
Ich habe jemandem geholfen.					

Abb.8

(Idee von *Drew* 2000, S.22f)

So schaffen Sie ein Klima der Bestätigung:

- Geben Sie ein verbales und/oder schriftliches Lob bei positiven Verhaltensveränderungen, bei positiven Ergebnissen, bei kleinen und großen Fortschritten, bei angemessenem Verhalten, usw.!

- Finden Sie die Stärken der Schüler heraus und zeigen Sie Ihre Wertschätzung öffentlich!

- Akzeptieren Sie die Schüler in ihrer gesamten Persönlichkeit und nehmen Sie sie als Personen an.

- Bewerten Sie nur das Verhalten, nicht aber die Person!

- Seien sie offen für die Interessen, Wünsche und Bedürfnisse der Schüler, nehmen Sie diese in die Unterrichtsgestaltung mit auf und gehen Sie auf neue Vorschläge ein!

- Ermöglichen Sie Erfolgserlebnisse und fördern Sie das Selbstwirksamkeitserleben der Kinder!

- Vertrauen Sie den Schülern, muten Sie ihnen etwas zu und übertragen Sie ihnen Verantwortung!

- Zeigen Sie ihnen, dass Ihnen etwas an ihnen liegt, dass Sie sie mögen. Nehmen Sie sich Zeit zum Zuhören, nehmen Sie ihre Probleme ernst und freuen Sie sich gemeinsam über positive Erlebnisse!

- Vermeiden Sie Abwertungen („So dumm kann man doch nicht sein!"), Lächerlich machen („Die Schlafmütze Toni ist erwacht - Hurra!"), ironische Bemerkungen („Na ganz toll, Anna!") und Ausgrenzungen! Kränken Sie niemanden!

- Beziehen Sie die Kinder von Anfang an in Entscheidungsprozesse mit ein!

- Vermeiden Sie Leistungsvergleiche zwischen schwächeren und stärkeren Schülern! Orientieren Sie Sich bei der Leistungsbeschreibung eher an der individuellen Bezugsnorm!

Abb. 9

Hilfreich ist es, sich anfangs nur auf einzelne Punkte zu konzentrieren und sein Verhalten diesbezüglich selbst zu beobachten und zu überdenken. Gehen Sie Schritt für Schritt vor und lassen Sie sich nicht entmutigen, wenn Sie manchmal anders reagieren, als Sie es sich vorgenommen haben. Das ist nur menschlich. Geben Sie Ihre Fehler ruhig auch vor den Schülern zu und entschuldigen Sie sich für ihr unangemessenes Verhalten! Letztendlich erwarten Sie dieses auch von den Kindern.
Auch die Schüler müssen sich erst an Verhaltensänderungen gewöhnen, um zu merken, dass Sie es ehrlich meinen.

- **Überdenken Sie, wann Sie sich aufgrund Ihrer Autorität mehr Rechte einräumen, als den Schülern!**

Hilfreich sind dabei sicher zunächst auch die Fragen in Abbildung 10!

Sicherlich werden Sie bei dieser Reflexion auch Situationen festgehalten haben, in denen Sie aufgrund Ihrer Autorität handelten. Manchmal ist dieses natürlich auch notwendig, z.B. wenn Sie zwei aufeinander einschlagende Schüler trennen müssen oder wenn Sie beispielsweise ein Unterrichtsthema entgegen dem Willen der Schüler durchführen müssen, weil es vom Lehrplan so vorgegeben ist.
Dennoch sollten Sie in der Kommunikation mit den Schülern nicht allein auf die Durchsetzung Ihrer Interessen bestehen. Hören Sie auch die Interessen und Bedürfnisse der Kinder an und setzen Sie sich mit ihnen auf eine faire Art und Weise auseinander! Beteiligen Sie die Schüler häufiger an Regelaufstellungen, an der Leistungsbewertung und an Entscheidungsprozessen! Vor allem in der Behandlung von Konflikten, sollten Sie sich so verhalten, wie Sie es von den Schülern erwarten. Stellen Sie Ihre Gefühle, Wünsche und Bedürfnisse dar, akzeptieren Sie aber auch die Darlegungen der Schüler und versuchen Sie gemeinsam eine Lösung zu erarbeiten, die sowohl Ihnen als auch den Schülern gerecht wird![9]

---

[9] siehe auch Regeln zur Konstruktiven Konfliktbewältigung unter 5.2.

- Wie reagieren Sie bei Regelverletzungen?
  -
  -
  -

- Wie werden Leistungen der Schüler bewertet?
  -
  -
  -

- Wie werden Regeln aufgestellt?
  -
  -
  -

- Wie werden Entscheidungen getroffen, die das Unterrichtsgeschehen betreffen?
  -
  -
  -

- Wie werden Entscheidungen getroffen, die außerunterrichtliche Unternehmungen oder Projekte betreffen?
  -
  -
  -

- Wie verhalten Sie sich in Konflikten mit Schülern?
  -
  -
  -

Abb. 10

7.2. Baustein 2: Unterrichtsgestaltung

Ein Unterricht, der konstruktive Konfliktbewältigung fördern will, sollte nicht nur auf kognitiver Ebene gestaltet werden, sondern auch auf affektiver Ebene, um auch die Aneignung emotionaler und sozialer Fähigkeiten zu ermöglichen. Daher sollte der Unterricht ganzheitlich und handlungsorientiert sein, so dass die Schüler selbst auf unterschiedlichen Ebenen Erfahrungen machen können. Es sollten auch immer wieder kooperative Unterrichtsformen eingesetzt werden. Wie sollen Kinder sonst Kooperation erlernen, wenn nicht durch tägliche Erfordernisse dieser Art. Wenn es dabei immer wieder zu Streitigkeiten kommt, so sollten diese nicht durch Trennung der Streitenden oder andere Anweisungen verhindert werden. Vielmehr ist es notwendig, die Austragung zu fördern, indem der Lehrer dafür Zeit lässt und eventuell moderierend eingreift.

Ein interessant und abwechslungsreich gestalteter Unterricht, der Spaß macht, fördert eine angenehme und entspannte Atmosphäre enorm. Ein langweiliger und demotivierender Unterricht dagegen könnte alle weiteren Bemühungen zunichte machen.

Bestehen Sie in Ihrem Unterricht auf eine konsequente Einhaltung der aufgestellten Regeln, aber seien Sie ansonsten flexibel.

- **Überlegen Sie, inwieweit Ihr Unterricht ganzheitlich, handlungsorientiert und schülerorientiert ist und ob Sie eventuell nach neuen Unterrichtsmethoden suchen wollen, die dem gerecht werden!**

Auch dieses kann in vielen kleinen Schritten erfolgen. Überfordern Sie sich nicht, indem Sie gleich den gesamten Unterricht umkrempeln wollen! Anregungen finden Sie in zahlreichen neueren pädagogischen Schriften sowie in der Literatur zur Reformpädagogik. Besprechen Sie solche Vorhaben auch mit Ihren Kollegen. Vielleicht können Sie zusammen recherchieren oder sie erhalten sogar schon praktisch erprobte Anregungen.

- **Überdenken Sie, wie und wie oft Sie in Ihren Unterricht kooperative Arbeitsformen einbauen können bzw. wollen!**

Beobachten Sie Ihren eigenen Unterricht und halten Sie auf einer Liste fest, wann, wie oft, und auf welche Weise Ihre Schüler die Gelegenheit haben, zu kooperieren und auch, ob diese Kooperation von Ihnen gewollt oder eher abgelehnt wird (z.B. bei Klassenarbeiten)!

Gerade bei Gruppenarbeit gibt es oft Probleme. Versuchen Sie dieses aber als Hinweis darauf zu sehen, dass die Schüler in dieser Beziehung Nachholbedarf haben und nicht als Beweis, dass es nichts bringt, sie in der Gruppe arbeiten zu lassen. Soziale Kompetenzen werden eben durch vielfältige Erfahrungen gewonnen, auch wenn negative Erfahrungen manchmal nicht auszuschließen sind.
Ihre Beobachtungen könnten sie in folgender Form festhalten:

Kooperation von Schülern am ....(Datum)

Std.	Wer?	Wie oft?	Wie?	Eigentliche Arbeitsform	Kooperation von mir gewollt	ungewollt

Abb. 11

Anhand Ihrer Ergebnisse können Sie beurteilen, ob Sie den Schülern zukünftig mehr Gelegenheiten zur Kooperation bieten wollen oder auch, ob Sie vielleicht bisher schon für ausreichend Möglichkeiten gesorgt haben.
Überlegen Sie, ob diese Situationen effektiv sind, welche Ziele dadurch erreicht werden und welche Maßnahmen zu einer Verbesserung der Kooperation beitragen könnten (z.B. Gruppenzusammenstellung, Partnerarbeit, anstelle von Gruppenarbeit, Partnerschaften, Helfersystem, usw.).
Finden Sie heraus, wo Sie eventuell Vorschläge und Unterstützung bekommen können!

■ **Überlegen Sie sich, ob und inwieweit Sie dazu bereit sind, Konflikte im Unterricht austragen zu lassen!**

Bedenken Sie dabei auch folgende Fragen:

- Welche Konflikte werden im Unterricht ausgetragen?
  -
  -

- Welche Konflikte sollten im Unterricht ausgetragen werden?
  -
  -

- Welche Vorteile hatten bisherige Konfliktaustragungen im Unterricht und welche Nachteile?
  -
  -

- Was könnten die Schüler durch gemeinsame Konfliktaustragung im Unterricht bei Anwendung der Methoden zur konstruktiven Konfliktbewältigung lernen?[10]
  -
  -

- Welche Konflikte sollten nicht vor der Gruppe bearbeitet werden?
  -
  -

- Wann haben die Schüler sonst die Möglichkeit, ihre Konflikte zu bewältigen und wen können sie, falls nötig um Unterstützung bitten?
  -
  -

Abb. 12

---

[10] Machen Sie sich dazu zunächst mit den Methoden vertraut!

Für Konflikte, die die gesamte Klasse, Sie als Lehrer oder den Unterricht betreffen, sollten Sie im Unterricht Zeit zur Verfügung stellen. Damit sich negative Emotionen nicht erst lange anstauen können, wäre es sicherlich vorteilhaft, eine Zeit festzulegen, in der solche Konflikte regelmäßig auf den Tisch kommen. Das könnte beispielsweise im Morgenkreis geschehen, in einer „Klassenleiterstunde" oder beim Abschiedskreis vor dem Wochenausklang.
Bei aktuellen Konflikten, die im Unterricht entstehen, ist es manchmal auch angebracht, die Stundenziele zurückzustellen und den Konflikt gleich zu bearbeiten, v.a. wenn der Konflikt die Beteiligten in besonderer Weise daran hindert, den Unterricht weiter zu verfolgen oder er zu eskalieren droht.

7.3. Baustein 3: Grundlagen effektiver Kommunikation

Um mit Schülern effektiv zu kommunizieren, müssen Lehrer lernen, wie man seinem Gesprächspartner übermittelt, dass man ihn und seine Äußerungen uneingeschränkt annimmt. Dazu ist es notwendig, spezifische Kommunikationsfähigkeiten zu erwerben.
Bei der folgenden Vorstellung eines möglichen Kommunikationsmodells werde ich mich weitestgehend auf Gordon beziehen, der in seiner „Lehrer-Schüler-Konferenz" (vgl. *Gordon* 1977) wertvolle Anregungen zu einer effektiven und konstruktiven Kommunikation liefert.

Zunächst sollte die Frage gestellt werden, wer eigentlich das Problem besitzt, denn danach werden sich die Möglichkeiten der Gesprächsführung richten.
Gordon verwendet zur anschaulichen Darstellung des Problembesitzes ein Rechteck mit darin zugeordneten Beispielen:

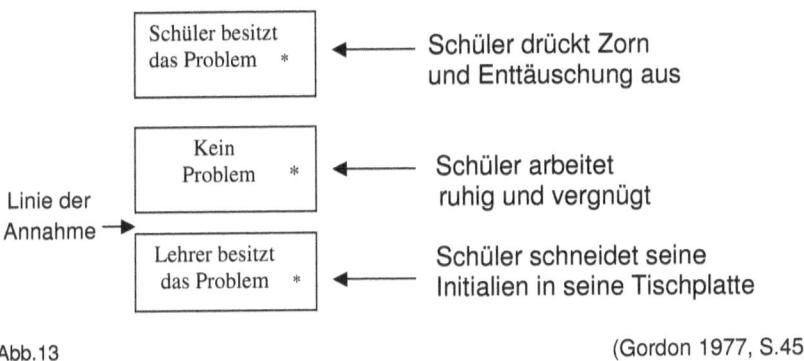

Abb.13   (Gordon 1977, S.45)

Die beiden Linien, die die Felder jeweils voneinander abgrenzen, können je nach Anzahl und Stärke der Probleme weiter nach oben oder unten verschoben sein.
Im unteren Rechteck müssen Probleme des Lehrers angesiedelt werden, die aufgrund unannehmbarer Verhaltensweisen der Schüler hervorgerufen werden. Diese sind solche, die den Lehrer daran hindern, seine Bedürfnisse zu befriedigen oder ihn dazu veranlassen, sich frustriert, ärgerlich oder besorgt zu fühlen. Die Linie der Annahme, also die Grenze bis wohin der Lehrer bestimmte Verhaltensweisen annehmen kann, bzw. nicht, kann nicht nur nach Art des jeweiligen Verhaltens variieren, sondern auch nach der Persönlichkeit des Lehrers oder auch nach seiner jeweiligen Stimmung. Manche Lehrer können es beispielsweise ohne weiteres annehmen, dass ihre Schüler sich im Unterricht leise unterhalten, andere nicht. Des weiteren kann ein Lehrer, der dieses Verhalten an einem Tag vollkommen unproblematisch findet, am nächsten Tag sehr ärgerlich darüber werden. Wenn die Verhaltensweisen für den Lehrer nicht annehmbar sind und er dadurch ein Problem hat, wird es ihm sehr schwer fallen, den Unterricht weiterhin effektiv durchzuführen.
Dem oberen Rechteck werden Probleme zugeordnet, die die Schüler besitzen. Wenn diese aufgrund eines Problems belastet sind, werden sie sich schwer auf das Lernen konzentrieren können.
Zwischen den beiden Rechtecken befindet sich ein weiteres. Das ist der Bereich, in dem Lehren und Lernen erfolgreich sein können. Ziel muss es demnach sein, diese Zone möglichst groß zu halten, auch wenn Probleme nicht immer vollkommen beseitigt werden können.

Im folgenden Abschnitt sollen die Techniken der Kommunikation näher betrachtet werden, die hilfreich sind, **wenn der Schüler ein Problem hat.**

Nicht zuletzt entstehen viele Konflikte zwischen Schülern und Lehrern dadurch, dass Schüler mit eigenen Problemen in die Schule kommen. Diese können sie nicht einfach abschalten und der Lernprozess wird dadurch erheblich beeinträchtigt oder das Lernen wird sogar ganz unmöglich. Folglich ist es manchmal sinnvoller, zunächst die Probleme der Schüler zu bewältigen, als ungeachtet dessen auf einen störungsfreien Unterricht zu bestehen. Um den Schülern helfen zu können, müssen Lehrer folgende Grundhaltungen aufweisen: **Empathie**, um sich in die Position des Schülers hinversetzen und seine wahren Gefühle wirklich nachempfinden zu können sowie dieses Verständnis zum Ausdruck zu bringen; **Akzeptanz**, um dem Schüler zu signalisieren, dass er, wie auch immer er sich gerade fühlt, bedingungslos angenommen wird und **Kongruenz** im Denken und Handeln sowie die Bereitschaft, sich dem Schüler gegenüber zu offenbaren, damit man nicht nur eine Rolle spielt, sondern es wirklich ehrlich meint.

Viele Lehrer senden im Gespräch mit den Schülern Botschaften, die indirekt die Kommunikation blockieren, da die Lehrer den Schüler mit seinem Problem nicht wirklich annehmen. Vielmehr versuchen sie, das Problem zu beseitigen, zu verdrängen, nicht ernst zu nehmen oder eine aufgesetzte Lösung anzubieten. Gordon nennt solche Lehrerreaktionen, die eine Nicht-Annahme signalisieren, **„die zwölf Straßensperren auf dem Weg zur Kommunikation"** (*Gordon* 1977, S.51). Diese sind:

Lösungen anbieten:

1. Befehlen, kommandieren, anordnen
2. Warnen, drohen
3. Moralisieren, predigen, mit „müsstest" und „solltest" argumentieren
4. Raten, Lösungen oder Vorschläge anbieten
5. Belehren, Vorträge halten, mit logischen Argumenten kommen

Urteile fällen:

6. Verurteilen, kritisieren, widersprechen, beschuldigen
7. Beschimpfen, Klischees verwenden, etikettieren
8. Interpretieren, analysieren, diagnostizieren

Das Problem abwerten:

9. Loben, zustimmen, positive Bewertungen geben
10. Beruhigen, mitfühlen, trösten, unterstützen

Bohrende oder einengende Fragen stellen:

11. Fragen, sondieren, verhören, ins Kreuzverhör nehmen

Das Problem verdrängen:

12. Zurückziehen, ablenken, sarkastisch sein, aufheitern, zerstreuen

(modifiziert nach Gordon 1977, S. 51ff)

Wie kann man nun diese nicht annehmenden Botschaften vermeiden und eine Sprache der Annahme entwickeln?
Die Antwort ist relativ einfach. Nichts signalisiert mehr Annahme, als **das Zuhören**. Lehrer sollten nicht versuchen, dem Schüler durch Ratschläge oder eigene Lösungen bei der Lösung ihres Problems zu helfen, sondern sie sollten einfach für sie da sein und den Schülern wirklich zuhören, ohne das Gesagte in irgendeiner Weise zu bewerten.
Dazu gibt es verschiedene Methoden:

1. Aufmerksamkeit

Schenken Sie dem Schüler völlige Aufmerksamkeit! Halten Sie Blickkontakt, nehmen Sie eine offene Körperhaltung ein und legen Sie alles aus der Hand! (Wenn es die Situation gerade nicht erlaubt, so sagen Sie ihm, dass Sie ihm gern zuhören wollen, aber Sie sich im Moment auf zu viele andere Dingen konzentrieren müssen. Machen Sie einen Zeitpunkt aus, wann es günstiger ist!)

2. Passives Zuhören

Seien Sie einfach nur still, wenn der andere spricht und halten Sie es auch aus, wenn eine Pause entsteht, in der nichts gesagt wird. Dieses wird wirkliche Annahme vermitteln und den Schülern ermuntern, weiter zu reden. Bestätigende Reaktionen, wie z.B. „ja, mhm, wirklich", lächeln, Kopfnicken u.ä., die keinerlei Wertung enthalten, können ebenfalls Aufmerksamkeit signalisieren und auch beim passiven Zuhören benutzt werden.

3. Türöffner

Um einem Schüler Bereitschaft zu signalisieren, dass Sie ihm zuhören wollen und ihn zu ermutigen mit dem Sprechen zu beginnen oder weiter zu machen, sind sogenannte „Türöffner" sehr wirkungsvoll. Solche sind beispielsweise: „Möchtest du darüber sprechen?, Möchtest du mir mehr darüber erzählen?, Gibt es etwas, was du mir sagen möchtest?, Was denkst du?, u.ä.. Es sollen offene Fragen sein, die zum Sprechen anregen, aber wiederum keine Wertung enthalten.

4. Aktives Zuhören

Bei der Methode des aktiven Zuhörens wird nicht nur passiv zugehört, sondern die Botschaft des Sprechenden (hier der Schüler) mit den Worten des Zuhörers (hier der Lehrer) wiedergegeben. Somit erfährt der Sprechende nicht nur, dass der andere zuhört, sondern darüber hinaus auch, ob der andere versteht, was er gesagt hat und ob der Zuhörer seine Botschaft annimmt. Auch wenn der Zuhörer die Botschaft des Sprechers falsch entschlüsselt und wiedergibt, hat der Sprechende die Gelegenheit, seine Botschaft neu zu formulieren und damit richtig zu stellen, bis der Zuhörer ihn richtig verstanden hat. Auf diese Art werden viele Missverständnisse vermieden.

Ein Beispiel:

Schüler: Ich habe heute schon genug gemacht. Ich habe keine Lust mehr.
Lehrer: Aha. Du hast heute also soviel gearbeitet, dass du jetzt erschöpft bist.
Schüler: Nein, das meine ich nicht. Aber ich habe heute als Einziger Bilder und Zeitungsausschnitte für unser Projekt mitgebracht. Ich habe mich um die Aufteilung der Texte gekümmert und aufgelistet, was wir alles noch besorgen müssen. Die anderen haben keine Ideen mitgebracht und dann haben sie auch noch so getan, als wenn sie wegen mir ihre Aufgaben machen müssten. Dabei ist es doch auch ihr Projekt.
Lehrer: Du denkst also, dass sich die anderen zu wenig kümmern, die Sache nicht ernst nehmen und du der Einzige bist, der daran arbeitet.
Schüler: Na ja, so ist es doch. Was soll ich denn da tun? Ich will nicht alles alleine machen.
Lehrer: Du überlegst, was man da machen kann, dass die Arbeit nicht nur an dir hängen bleibt.
Schüler: Ja. Vielleicht fällt mir ja bis morgen etwas ein.

Nicht immer findet der Sprecher beim aktives Zuhören eine Lösung für sein Problem. Wichtig ist aber, dass ein Prozess in Gang gesetzt wird, wobei der Schüler seine emotionale Spannung abbauen kann und wobei er im Lehrer jemanden sieht, dem man sich anvertrauen kann.
Das Positive an dieser Methode ist aber auch, dass es in jedem Fall der Sprecher (hier Schüler) ist, der, falls dem so ist, eine Lösung für sein Problem findet. Es wird ihm nichts aufgedrückt, er wird nicht in eine bestimmte Richtung gelenkt (die falsch sein könnte) und seine eigene Lösung wird am besten an sein spezielles Problem mit seinen speziellen Bedürfnissen angepasst sein.
Einfühlsam angewendet, ermöglicht das aktive Zuhören eine offenere und ehrlichere Kommunikation, ohne (negative) Bewertungen und Vorurteile.

Sie sollten jedoch auch folgende Hinweise beachten:

- Trauen Sie dem Schüler zu, seine Probleme selbst lösen zu können!
- Nehmen Sie die Probleme der Schüler ehrlich an, auch wenn Sie anderer Meinung sind!
- Nehmen Sie sich genügend Zeit zum Zuhören, aber opfern Sie nicht Ihre eigenen Bedürfnisse!
- Aktives Zuhören soll Schülern dabei helfen, ihre Situation zu klären, das wirkliche Problem herauszufinden und emotionale Spannung abbauen zu können. Drängen Sie nicht auf eine Lösungssuche, auch nicht, wenn das Gespräch zunächst konfus verläuft.
- Behandeln Sie das, was Schüler Ihnen über ihre Probleme mitteilen, vertraulich!

Aktives Zuhören kann nicht nur in einem individuellen Gespräch zwischen Schüler und Lehrer angewendet werden, wenn der Schüler ein Problem zur Sprache bringt, sondern hat vielfältige Einsatzmöglichkeiten. So können Sie es bei Klassendiskussionen anwenden oder bei Widerstandsreaktionen von Schülern, um herauszufinden, welches Problem dem zugrunde liegt. Ebenso kann es helfen, unselbständige Schüler dazu anzuregen, selbst nach Lösungen zu suchen und damit autonomer und selbständiger zu werden. Natürlich kann diese Methode auch in anderen Personenkreisen angewendet werden (Elterngespräche, Probleme von Kollegen, usw.).

Im Folgenden werde ich nun der Frage nachgehen, **was Lehrer tun können, wenn sie selbst ein Problem besitzen, dass auf den Verhaltensweisen der Schüler beruht**. Welche Methoden gibt es, um eine erfolgreiche Kommunikation zu gewährleisten?

Hat der Lehrer ein Problem, weil seine legitimen Bedürfnisse nicht befriedigt werden oder weil Schüler Verhaltensweisen an den Tag legen, die der Lehrer nicht akzeptieren kann, werden die eben beschriebenen Methoden, die Annahme signalisieren, nicht weiter helfen. Lehrer müssen in diesem Fall die Schüler damit **konfrontieren**, dass ihr Verhalten die Rechte und Bedürfnisse des Lehrers einschränkt. Das scheint jedem klar zu sein. Die Frage ist aber, auf welche Weise man die Schüler konfrontiert, denn in der Regel reagieren wir unter Stress häufig recht uneffektiv, d.h. wir senden Lösungsbotschaften, herabsetzende Botschaften oder indirekte Botschaften, also Botschaften, die den „zwölf Straßensperren der Kommunikation" entsprechen. All diese Möglichkeiten werden nicht zur Lösung des Problems beitragen, sondern den Konflikt nur verhärten.

Sendet der Lehrer Lösungsbotschaften, sagt er also dem Schüler, was dieser besser täte oder tun sollte, versucht er damit, dem Schüler die Verantwortung für die Lösung seines eigenen Problems zu übertragen. Er zwingt dem Schüler seine eigene Lösung auf. Das geschieht durch folgende Reaktionen: befehlen, anleiten, warnen, drohen, moralisieren, belehren, logische Argumente verwenden, Fakten liefern oder Lösungen anbieten. Doch diese Art von Konfrontation funktioniert in der Regel nicht oder ruft zumindest unangenehme Gefühle seitens der Schüler hervor.
Auch herabsetzende Botschaften erreichen nicht das gewünschte Ziel. Im Gegenteil, die Persönlichkeit des Schülers wird abgewertet, denn alle diese Botschaften enthalten negative Urteile des Lehrers über die Schüler. Sie zwingen den Schüler dazu, sich entweder zu verteidigen oder sich schlecht zu fühlen. Zu diesen Botschaften zählen folgende: urteilen, kritisieren, beschuldigen, beschimpfen, Klischees verwenden, lächerlich machen, interpretieren, analysieren, diagnostizieren (z.B. *„Das tust du nur, weil ..."*), positive Bewertungen geben (wenn doch das Verhalten für den Lehrer problematisch ist), beruhigen, mitfühlen und unterstützen (z.B.: *„Ich verstehe ja, dass du nicht stillsitzen kannst ..."*), fragen und verhören (z.B.: *„Jetzt erkläre mir mal, was du dir dabei denkst!"*).
Indirekte Botschaften, wie sarkastisch oder ironisch sein, den Schüler necken oder auch ablenken wollen, werden besonders von jüngeren Schülern nicht oder falsch verstanden. Häufig wissen die Schüler in solchen Fällen auch nicht, woran sie beim Lehrer sind. „Macht er Spaß oder soll das eine Kritik sein? Will er mich lächerlich machen oder war das nur ein Witz?"

Alle diese uneffektiven Botschaften enthalten das Pronomen „du" oder könnten es zumindest enthalten, d.h. es sind sogenannte **Du-Botschaften** (vgl. Gordon 1977). Sie sagen nur etwas darüber aus, was den Schüler betrifft, aber nicht, was den Lehrer berührt, was er fühlt oder was genau sein Problem ist. Soll die Konfrontation aber effektiv sein, müsste anstelle der Du-Botschaft (z.B.: *„Sei jetzt endlich still!"*) eine **Ich-Botschaft** (z.B.: *„Ich kann mich nicht konzentrieren, wenn ich so oft unterbrochen werde. Das ärgert mich."*) verwendet werden, denn so kann der Lehrer deutlich ausdrücken, was in ihm vorgeht, ohne den Schüler dabei zu beschuldigen oder zu degradieren.
Vergleicht man die Wirkungen von Du- und Ich-Botschaften wird man feststellen, dass die Schüler eher bereit sind, dem Lehrer gegenüber Rücksicht zu nehmen, wenn der Lehrer sie mit Ich-Botschaften konfrontiert und sie nicht mit Du-Botschaften zurechtweist. Die Bereitschaft sich zu ändern ist dann also mit hoher Wahrscheinlichkeit größer, auch wenn es nicht immer hundertprozentig zum Erfolg führen wird. Ich-Botschaften haben aber, wie schon angeführt, auch den Vorteil, dass sie beim Schü-

ler keine negativen Wirkungen hervorrufen und die Beziehung zwischen Lehrer und Schüler nicht belastet wird.

Ich-Botschaften haben, wenn sie denn erfolgreich sein sollen, drei Komponenten.
Zum einen ist darin enthalten, dass das Verhalten des Schülers für den Lehrer ein Problem ist, weil es für ihn nicht annehmbar ist. Auch wenn hierbei das Pronomen „du" benutzt werden kann, ist darin noch keine Du-Botschaft enthalten, da das Verhalten zwar beschrieben, aber nicht bewertet wird. Eine Ich-Botschaft beinhaltet keine Beschuldigungen, Lösungen oder Moralisierungen!
Diese **erste Komponente** könnte beispielsweise so formuliert werden:

- *„Wenn es hier so laut ist ..."*
- *„Wenn ich die Arbeitsmaterialien nicht finden kann, weil sie nicht ins Regal zurückgelegt wurden ..."*
- *„Wenn ich die Tafel so verschmiert vorfinde ..."*
- *„Wenn du nicht pünktlich zum Unterricht erscheinst ..."*

Falsch verstandene Ich-Botschaften, also solche, die doch eine Wertung enthalten, wären solche:

- *„Wenn du immer **stören** musst ..."*
- *„Wenn **ihr so unordentlich seid** und ihr mit dem Material nicht sorgsam umgeht ..."*
- *„Wenn du so **ungezogen** bist ..."*

Ich-Botschaften beschreiben in jedem Fall nur das spezielle Verhalten, um das es gerade geht, nicht aber den Charakter oder die Persönlichkeit des Schülers, so dass der Schüler begreift, dass er in seiner Person immer angenommen wird, dass er aber mit der Veränderung seines speziellen Verhaltens dem Lehrer helfen kann.
Die zweite Komponente einer Ich-Botschaft enthält die negativen Folgen, die sich aus dem beschriebenen Verhalten für den Lehrer ergeben. Zur Verdeutlichung verwende ich noch einmal die oben genannten Beispiele:

- *„Wenn es hier so laut ist, **kann ich mich nicht darauf konzentrieren, euch den Rechenweg zu erklären** ..."*
- *„Wenn ich die Arbeitsmaterialien nicht finden kann, weil sie nicht ins Regal zurückgelegt wurden, **muss ich sie suchen und verliere eine Menge Zeit oder ich kann sie nicht für den Unterricht nutzen** ..."*

- *„Wenn ich die Tafel so verschmiert vorfinde,* **verliere ich soviel von der Unterrichtszeit, da ich mich erst darum kümmern muss, wer sie säubern sollte ..."**
- *„Wenn du nicht pünktlich zum Unterricht erscheinst,* **muss ich dir alle Arbeitsanweisungen noch einmal extra erklären ..."**

Oft ist es gar nicht so leicht, konkrete Folgen für sich selbst zu formulieren, da Lehrer es gewohnt sind, auch Verhaltensweisen zu kritisieren, die auf sie selbst eigentlich keinerlei Auswirkungen haben. Hierbei handelt es sich häufig um Normen oder Werte, die vermittelt werden sollen. Ich-Botschaften werden darauf aber kaum Einfluss haben, da sich der Schüler in diesem Fall kaum motiviert fühlen wird.

Der dritte Teil einer Ich-Botschaft bringt die Gefühle, die das Verhalten und die Aussicht auf die Folgen im Lehrer hervorrufen, zum Ausdruck:

- *„Wenn es hier so laut ist, kann ich mich nicht darauf konzentrieren, euch den Rechenweg zu erklären und* **ärgere mich darüber."**
- *„Wenn ich die Arbeitsmaterialien nicht finden kann, weil sie nicht ins Regal zurückgelegt wurden, muss ich sie suchen und verliere eine Menge Zeit oder ich kann sie nicht für den Unterricht nutzen.* **Ich ärgere mich über die Zeitverschwendung und fürchte, dass der Unterricht ohne dieses ziemlich langweilig wird."**
- *„Wenn ich die Tafel so verschmiert vorfinde, verliere ich soviel von der Unterrichtszeit, da ich mich erst darum kümmern muss, wer sie säubern sollte.* **Ich fürchte dann, nicht alles, was ich mir für die Stunde vorgenommen habe, zu schaffen.."**
- *„Wenn du nicht pünktlich zum Unterricht erscheinst, muss ich dir alle Arbeitsanweisungen noch einmal extra erklären und* **werde darüber ärgerlich."**

■ Testen Sie, welche Wirkungen Du-Botschaften und Ich-Botschaften in Ihnen auslösen!

Welche Person benutzt Ihrer Meinung nach Du-Botschaften und welche Ich- Botschaften? Bei welchen Botschaften wären Sie bereit, Ihr Verhalten zu ändern und welche Gefühle werden bei Ihnen durch die verschiedenen Botschaften hervorgerufen? Zu welcher Person fühlen Sie sich mehr hingezogen?

	Botschaft	Gefühle, die in mir ausgelöst werden	Zur Verhaltensänderung bin ich eher bereit / nicht bereit	Die Person finde ich eher sympath. / unsympathisch
Person A	„Haben Sie doch ein bisschen mehr Geduld!"			
Person B	„Ich bin der Meinung, Sie haben genug gesagt. Lassen sie doch auch einmal andere zu Wort kommen!"			
Person C	„Wenn Sie die Listen nicht rechtzeitig bringen, können wir die Einladungen für die Eltern nicht fertig machen und ich fürchte, dass es für viele dann zu kurzfristig wird."			
Person D	„Wenn Sie mir nicht helfen, werde ich die Vorbereitungen für das Schulfest nicht zu Ende führen können, so dass einige Spiele ausfallen müssen. Das würde mir sehr leid tun."			
Person E	„Immer muss ich alles alleine machen. Sie helfen auch nie mit."			

Abb. 14

■ Überlegen Sie, was Ihre Lehrer früher zu Ihnen gesagt haben, wenn Sie mit Ihrem Verhalten nicht einverstanden waren! Wie haben Sie sich damals gefühlt und wie haben Sie reagiert?

Botschaft des Lehrers →	Ausgelöste Gefühle	Ihre Reaktion
-		
-		
-		
-		
-		

Abb. 15

■ Probieren Sie in Ihrem Unterricht die verschiedenen Botschaften aus! Welche Wirkung erreichen sie bei Ihren Schülern?

Wenn der Lehrer also das Problem besitzt, sollte er zunächst den Schüler mit solch einer dreiteiligen Ich-Botschaft konfrontieren. Danach sollte nun aber der Schüler Gelegenheit haben, darauf zu reagieren, da ihm vorgeworfen wird, dass sein Verhalten für den Lehrer nicht annehmbar ist. Wahrscheinlich ist, dass nun er damit ein Problem hat. Dafür ist es notwendig, dass der Lehrer auf aktives Zuhören umschaltet.

An dieser Stelle möchte ich darauf hinweisen, dass es sich bei solchen Situationen nicht unweigerlich um Konflikte handeln muss. Es kann durchaus sein, dass das Verhalten des Schülers bewirkt, dass der Lehrer seine Bedürfnisse nicht befriedigen kann. Aber auch, wenn der Schüler dieses erst durch eine konfrontierende Ich-Botschaft bemerkt, kann er sein Verhalten dementsprechend ändern, ohne dass es dadurch zu Unvereinbarkeiten kommt. Möchte oder kann der Schüler sein Verhalten aber nicht ohne weiteres ändern, weil er sonst seine eigenen Bedürfnisse oder Interessen nicht befriedigen kann, liegen solche Unvereinbarkeiten vor und es handelt sich um ein Konflikt. Wie der Lehrer dann weiter reagieren kann, wird im nächsten Baustein noch besprochen werden.

In dem Fall, dass sowohl Schüler, als auch der Lehrer kein Problem haben (mittleres Rechteck), kann erfolgreich unterrichtet und gelernt werden. Aber auch hier gibt es Möglichkeiten, die in der Kommunikation hilfreich sind, um diesen problemfreien Raum möglichst lange zu erhalten. Dazu zählen alle Möglichkeiten, die die Beziehung bereichern und Probleme verhindern.

Einige Hinweise habe ich bereits in dem Baustein 1 erläutert. Zusätzlich sind aber auch verschiedene andere Arten von Ich-Botschaften sehr nützlich, die jeder Art von Du-Botschaften vorzuziehen sind[11]:

Aussagende Ich-Botschaften

> Sie erklären den Schülern die eigenen Meinungen, Ideen, Vorlieben, Interessen, Abneigungen, Gedanken, Gefühle, Reaktionen usw.. Dadurch können die Schüler ihren Lehrer besser kennen und ihn verstehen lernen.

Entgegnende Ich-Botschaften

> Sie bezeichnen ehrliches „Nein-Sagen" und begründen den Schülern, warum der Lehrer anderer Meinung ist, damit diese seine Bedürfnisse, Interessen und Gefühle erfahren können.

Vorbeugende Ich-Botschaften

> Diese teilen den Schülern mit, was und warum der Lehrer etwas bestimmtes tun möchte. Damit geben sie ihnen die Möglichkeit, ihr Verhalten danach zu richten. So können diese Konflikte vorbeugen.

Anerkennende Ich-Botschaften

> Sie zeigen den Schülern die Anerkennung, Zuneigung oder Freude des Lehrers und tragen zu einer besseren und glücklichen Beziehung mit bei.

---

[11] Diese habe ich aus dem „Gesprächsführungstraining in Konfliktsituationen PROKOM" im Institut für Psychologie der Universität Potsdam etwas modifiziert entnommen.

7.4. Baustein 4: Konstruktive Konfliktbewältigung

7.4.1. Eigene Konflikte mit Schülern bewältigen

Auch dieser Teil wird sich an Gordons Modell (vgl. a.a.O.) orientieren. Letztendlich beruhen aber alle Methoden der konstruktiven Konfliktbewältigung auf diesem Prinzip. Gordon nannte dieses Vorgehen: „Methode III: Konfliktlösung ohne Niederlagen".

Im Grunde wird im Folgenden an die Darlegungen angeknüpft, die im Baustein 3 unter dem Aspekt „Wenn der Lehrer das Problem besitzt" aufgeführt wurden.
Es handelt sich also um einen Konflikt, wenn der Lehrer und/oder der Schüler Unvereinbarkeiten im Denken/ Vorstellen/ Wahrnehmen und/oder Fühlen erlebt und dementsprechend gehandelt wird. Wie kann man sich als Lehrer nun so verhalten, dass der Konflikt gelöst wird?

1. Der Lehrer sollte zunächst, den Ausführungen im Baustein 3 zufolge, nachdem er festgestellt hat, dass er selbst ein Problem hat, den Schüler mit einer dreiteiligen Ich-Botschaft konfrontieren.
Daraufhin muss der Schüler die Gelegenheit bekommen, seine Meinung, seine Gefühle und Bedürfnisse äußern zu können. Dafür sollte der Lehrer auf aktives Zuhören umschalten. Sind dann beide Positionen deutlich dargestellt worden, kann zum nächsten Schritt übergegangen werden.

→ **Definition des Problems**

2. Gemeinsam suchen Lehrer und Schüler nach Lösungsvorschlägen, die in dieser Phase jedoch noch nicht bewertet werden dürfen. Sie werden schriftlich festgehalten. Dieses ist ein kreativer Prozess. Es sollten möglichst viele Vorschläge gesammelt werden, die vorerst noch nicht den Kriterien der Machbarkeit unterworfen sind. Alle Vorschläge sind erlaubt. Dennoch sollten beide versuchen, nach Lösungen zu suchen, die die Bedürfnisse von Lehrer und Schüler zufrieden stellen.

→ **Sammlung möglicher Lösungen**

3. Erst dann können die Lösungsvorschläge bewertet werden. Dabei soll darauf geachtet werden, ob die jeweilige Lösung beide gleichermaßen zufrieden stellen könnte und ob die Vorhaben realistisch durchführbar sind.

→ **Wertung der Lösungsvorschläge**

4. Im Anschluss dessen sollten sich beide auf die beste Lösung einigen.

→ **Entscheidung für die beste Lösung**

5. Es folgt die Umsetzung des Lösungsvorschlages.

→ **Realisierung der Entscheidung**

6. Nach der Realisierung sollte geprüft werden, ob die Lösung so funktionierte oder ob nach einer anderen Lösung gesucht werden muss. Im letzteren Fall beginnt der Prozess wieder ab dem Schritt 1, wenn die beiderseitigen Bedürfnisse nicht klar genug erkannt wurden oder ab Schritt 2, wenn die Lösung ungeeignet war.

→ **Bewertung der Effektivität der Lösung und eventuell Abänderung**

In jedem Fall sollte der Lehrer darauf achten, nicht mit einer vorher festgelegten Lösung in die Diskussion zu gehen. Wenn die Ich-Botschaften wirklich ehrlich formuliert werden, so dass die Schüler erkennen können, dass der Lehrer mit der Situation ein Problem hat und dafür selbst die Verantwortung übernimmt, werden sie in vielen Fällen bereit sein, ihm zu helfen. Ebenso wichtig ist dabei aber auch das aktive Zuhören, denn nur wenn der Lehrer die Interessen und Bedürfnisse der Schüler genauso ernst nimmt, wie seine eigenen, kann er von den Schülern das Gleiche erwarten.

Schwierigkeiten sind voraussehbar, wenn es sich um unterschiedliche Wertvorstellungen handelt. In diesem Punkt wird auch diese Konfliktlösungsmethode nicht funktionieren. Dennoch ist viel gewonnen, wenn der Lehrer seinen Standpunkt darlegt und er daraufhin dem Schüler zuhört. Wenn er auch gegen dessen Werte ist, so sollte er dennoch zeigen, dass er den Schüler in seiner Persönlichkeit annimmt.

7.4.2. Auf Konflikte zwischen Schülern reagieren

Treten zwischen den Schülern Konflikte auf, sollte der Lehrer nicht nur eingreifen, wenn der Unterricht gestört wird, sondern auch dann, wenn er bemerkt, dass der Konflikt zu eskalieren droht. Ebenfalls sollte eingegriffen werden, wenn der Lehrer beobachtet, dass sich immer wieder die Stärkeren durchsetzen und andere Kinder immer wieder verlieren und einstecken müssen. In solchen Fällen brauchen die Kinder Hilfestellung

und Handlungsalternativen. Schließlich sollen sie lernen, Konflikte konstruktiv zu lösen.
Zum einen trägt ein solches Training dazu bei, Konfliktlösekompetenzen zu erwerben. Ebenso führt das Anwenden der darin erlernten Techniken in realen Konfliktsituationen dazu, alternative Handlungsmodelle auszuprobieren und sie bei Erfolg häufiger anzuwenden.
Daneben kann aber auch der Lehrer vermittelnd in Konflikte eingreifen. Meistens entstehen Konflikte nicht dadurch, dass die Beteiligten ihr Problem nicht lösen wollen, sondern weil sie nicht wissen, wie sie es lösen können (vgl. *Faller, Kerntke & Wackmann* 1996). Mediation (Vermittlung) kann die Streitenden dabei unterstützen, eine eigene und für beide Seiten vorteilhafte Lösung zu finden. Um als Mediator eingreifen zu können, ist es vorteilhaft, ein entsprechendes Training zu besuchen. Zumindest sollten Sie sich aber mit den **Grundregeln der Mediation** vertraut machen:

Definition:

„Mediation ist ein außergerichtliches Verfahren, bei dem die Beteiligten selbst ihre Konflikte lösen. Dabei werden sie durch einen neutralen Dritten, den Mediator/ die Mediatorin unterstützt." (*CD-ROM „Konflikte XXL"*) Die Mediatoren helfen den Streitenden, eine einvernehmliche Lösung zu finden, indem sie ihnen dabei helfen, ihre Gefühle auszudrücken und ihre Interessen und Bedürfnisse klar darzustellen.

Voraussetzungen:

- Die Streitenden haben ein Interesse an der zukünftigen Beziehung zueinander.
- Die Streitenden sind dazu bereit, an der Konfliktlösung mitzuarbeiten.
- Alle Konfliktparteien sind vertreten.
- Der Mediator wird von allen Beteiligten akzeptiert und hat kein Interesse an einem bestimmten Konfliktausgang. Er setzt sich für die Belange aller Beteiligten ein.
- Der Mediator sucht nicht selbst nach Lösungen, sondern achtet auf die Einhaltung von Gesprächsregeln.
- Es steht genügend Zeit zur Verfügung.

Prozess der Mediation (modifiziert nach *Faller, Kerntke & Wackmann* 1996, S.118):

1. Vorphase: Die Konfliktparteien an einen Tisch bekommen

Schon in der ersten Phase müssen Sie einige Dinge beachten, um den Verlauf der Mediation positiv zu beeinflussen. Sprechen Sie ruhig und freundlich mit den Beteiligten und bitten Sie sie, ihnen bei ihrem Problem helfen zu dürfen, wenn die Schüler nicht von sich aus darum bitten. Dabei sollten Sie versuchen, eine angstfreie und kooperative Atmosphäre zu sorgen. Auch der Rahmen, in dem die Mediation stattfinden wird, sollte überdacht werden. So benötigen Sie genügend Zeit, einen ungestörten Ort und eine entspannende Atmosphäre.

2. Das Mediationsgespräch:

a) Einleitung

Hierbei sollten zunächst die Grundregeln der Mediation erläutert werden. Insbesondere sollten Sie als Lehrer hier betonen, was ihre Aufgaben als Vermittler sind und dass es nicht das Anliegen ist, jemanden zu bestrafen oder zurechtzuweisen.
Weitere Regeln, die genauso für die Schüler gelten, sind:

- eine Lösung für das Problem zu finden, ist Aufgabe der beteiligten Konfliktpartner
- Aktives Zuhören
- Ich-Botschaften senden
- keine Unterbrechungen
- keine Beleidigungen
- vertraulicher Umgang mit allen Aussagen

Alle Beteiligten müssen bereit sein, diese Regeln zu akzeptieren. Dazu sollten Sie sie ausdrücklich befragen.
Berichten Sie in der Einleitung, was Sie bisher über den Konflikt erfahren haben und versetzen Sie die Konfliktparteien in die gleiche Ausgangssituation, also so, dass beide den gleichen Informationsstand haben.

b) Sichtweisen der Konfliktparteien

In dieser Phase haben die am Konflikt beteiligten Schüler nun die Gelegenheit, ihre eigenen Sichtweisen darzustellen. Dazu wenden Sie sich zunächst an einen Schüler (nach Möglichkeit zuerst an den, der um die

Mediation gebeten hat) und bitten den oder die anderen zuzuhören und sich eventuell Notizen zu machen, wenn sie dazu etwas sagen wollen.
Sie wenden sich dem berichtenden Schüler zu, hören aktiv zu (siehe unter 7.5.1.) und stellen nach Bedarf offene Fragen, also Fragen, die dazu anregen, mehr zu erzählen. In passenden Situationen sollte das Gesagte von Ihnen nochmals geordnet und zusammengefasst werden. Dazu ist es auch hilfreich, bestimmte Ergebnisse schriftlich (z.B. an der Tafel, auf Flip-Charts, o.ä.) festzuhalten, um später wieder darauf Bezug nehmen zu können.
Achten Sie darauf, dass keine wertenden Aussagen, Schuldzuweisungen oder Beleidigungen stehen bleiben. Sind die Schüler nicht selbst dazu in der Lage, so formulieren Sie die Aussagen um!
Benutzen Sie Türöffner, um die Schüler zu ermuntern, weiterzureden oder gegebenenfalls freundliche nicht wertende Botschaften, um jemanden zu unterbrechen, der zuviel redet (z.B. „Warte einen Moment!"; „Lass mich kurz zusammenfassen, sonst wird es zuviel!"; „Erzähl nur das Nötigste!")!
Achten Sie gegebenenfalls auch auf nonverbale Signale und versuchen Sie diese verbal zu deuten!
Nachdem beide Konfliktparteien ihre Standpunkte und Sichtweisen dargelegt haben, können sie sich darüber verständigen, worin Gemeinsamkeiten und Differenzen bestehen.

c) Konflikterhellung: Gefühle, Interessen, Hintergründe

Diese Phase dient zur Vertiefung dessen, was sich bereits in der vorhergehenden Phase angedeutet hat. Dabei wird beleuchtet, was zum Konflikt geführt hat, was zum Hintergrund gehört, welche Gefühle das Verhalten bestimmen und wie das Verhalten des anderen verstanden werden könnte. Ebenso sollten die beiden Kontrahenten dazu befragt werden, was sie sich für die Zukunft wünschen und welche Ziele sie haben.
Auch hier wenden Sie größtenteils das aktive Zuhören an und stellen Sie offene Fragen, bzw. Türöffner! Halten Sie die Ergebnisse zeichnerisch oder in einer Übersicht fest, damit sich jeder daran orientieren kann!
Spätestens hier sollten Sie versuchen, schrittweise die direkte Kommunikation zwischen den beiden Schülern wiederherzustellen.
Manchmal ist es auch besonders hilfreich, nonverbale Mittel und Übungen einzusetzen, um anschließend darüber zu sprechen.
Sind beide bereit, den anderen und seine Interessen und Motive zu verstehen, ist die Grundlage für eine gemeinsame Suche nach Lösungsmöglichkeiten geschaffen. Sie sollten sich zunächst darüber einigen, für welche Probleme Lösungen gesucht werden sollen und dann, in welcher Reihenfolge dieses geschehen soll.

d) **Problemlösung:** Sammeln von Lösungsmöglichkeiten und Übereinkunft treffen

Schrittweise wird für die aufgelisteten Probleme nach Lösungen gesucht. Bei der Suche sind wiederum alle Vorschläge erlaubt und diese werden nicht bewertet. Dabei sollten möglichst viele zusammengetragen werden, denn hierbei zählt Quantität mehr als Qualität. Halten Sie alle Lösungen sichtbar fest! Dafür können verschiedene Methoden angewendet werden (z.B. Brainstorming; jeder schreibt so viele Vorschläge, wie möglich auf einen Zettel und gibt diesen dann zum Vergleich). Auch Sie, als Mediator, können Lösungen vorschlagen, die aber nicht mehr gewertet werden, als die anderen.
Sind viele verschiedene Lösungen vorgeschlagen worden, kann man dazu übergehen, diese zu bewerten. Dazu sollte in jedem Fall festgestellt werden, für wen die jeweilige Lösung vorteilhaft ist. Dazu könnten die Schüler beispielsweise die festgehaltenen und für sie akzeptablen Lösungen jeweils mit einem Punkt in ihrer Farbe kennzeichnen. Daraufhin werden alle Lösungen gestrichen, die jeweils nur einen Punkt erhalten haben. Über die Übrigen wird weiter gesprochen werden, bis sich die Schüler auf eine für beide Seiten akzeptable Lösung einigen, die nicht nur einen Kompromiss bedeutet, sondern für alle Vorteile bringt (nicht abstimmen, sondern Konsens finden!).
Daraufhin wird eine Vereinbarung formuliert, in der genau festgelegt wird, was jeder in welcher Form, in welchem Zeitraum, usw. tun wird.
Überdenken Sie mit den Schülern noch einmal genau, ob alle Möglichkeiten genügend geprüft wurden, ob die Vereinbarung wirklich die Probleme lösen kann, ob sich nicht andere ungewünschte Konsequenzen ergeben, ob die Lösung realistisch durchführbar ist und ob wirklich beide Parteien damit zufrieden sind!
Anschließend wird die Vereinbarung von allen Beteiligten unterschrieben und jeder bekommt eine Kopie.

3. **Umsetzungsphase:** Umsetzung und Überprüfung der Lösung

Wie die Überprüfung durchgeführt werden kann, sollte noch im Mediationsgespräch ausgemacht werden.
Möglich ist, dass sich die Schüler wieder beim Mediator melden können, wenn die Vereinbarung nicht eingehalten wird oder dass beispielsweise schon im Voraus ein Termin festgelegt wird, wann sich alle wiedertreffen.

In dieser Art sollte ein Mediationsgespräch ablaufen, um erfolgreich zu sein. Das bedeutet in der Tat einen hohen Zeitaufwand, was in der Realität für einen Lehrer sehr schwierig werden wird. Dennoch lohnt es sich, die Zeit dafür zu „opfern", v.a., wenn die Schüler bisher über keine Erfah-

rungen mit konstruktiver Konfliktlösung verfügen. Führen Sie zusätzlich das Schülerprogramm durch, werden die Schüler bald in der Lage sein, ihre Konflikte selbst friedlich zu lösen oder es werden in schwierigen Konflikten andere Schüler die Schüler die Rolle eines Mediators übernehmen können. Je mehr der tägliche Umgang von solchen Gesprächen und Übungen geprägt ist und je eher damit begonnen wird (möglichst ab der 1. Klasse), desto weniger werden Sie als Lehrer eingreifen müssen. Ebenso wird durch die zunehmende Bewältigung von Konflikten, im Unterricht mehr Zeit und Ruhe zur Verfügung stehen, in der erfolgreich gelernt und gelehrt werden kann.
Wenn Konflikte auftreten, die mehrere Schüler betreffen, kann (mit Einverständnis der am Konflikt beteiligten Schüler) das Konfliktgespräch innerhalb der Klasse stattfinden. Insofern haben alle die Möglichkeit, alternative Erfahrungen zu sammeln und daraus zu lernen. Die Lösungssuche wird in diesem Fall kreativer ausfallen, da so auch die Schüler zu Wort kommen können, die nicht am Konflikt beteiligt waren. Allerdings sollte die Entscheidung für eine Lösung nur von den Schülern getroffen werden, die die Lösung auch umsetzen müssen. Um solche Konflikte regelmäßig zum Bestandteil des Unterrichts zu machen und Konfliktfähigkeit als Lernziel im Unterricht anzustreben, wäre es beispielsweise auch möglich, eine Konfliktliste auszuhängen oder einen Konfliktkasten aufzustellen, worin die Kinder Konflikte beschreiben können, die sie vor der Klasse klären möchten. In regelmäßigen Abständen sollte dann Zeit zur Verfügung gestellt werden, in der dieses erfolgen kann. Wenn zu Beginn dieses Vorhabens noch der Lehrer moderiert, könnten nach und nach auch Schüler diese Rolle übernehmen.

Die dargestellten Arten von konstruktiven Konfliktgesprächen basieren allerdings auf der freiwilligen Teilnahme der Konfliktpartner und auf dem beiderseitigen Wunsch, das Problem zu lösen. In der Schule stehen Sie häufig bereits eskalierten Konflikten gegenüber, in denen die Schüler **physische oder psychische Gewalt** anwenden oder die Gefahr dazu unmittelbar bevorsteht. Dabei stellt sich die Frage, wie Sie in solchen Situationen reagieren können, ohne die Situation noch durch ungeschicktes Eingreifen zu verschärfen.
In jedem Fall ist eine deeskalierende Intervention aber unerlässlich. Sobald Sie wahrnehmen, dass die Gefahr besteht, dass ein Konflikt zu eskalieren droht, wenn Drohungen ausgesprochen werden, wenn Gewalt im Spiel ist, wenn Jungen Mädchen belästigen, usw. sollten Sie sich einmischen und die Interaktion mit Bezug auf allgemeine Normen sofort abbrechen. Im Folgenden beziehe ich mich auf Anregungen von Ortrud Hagedorn (2000), die ich allerdings leicht abgewandelt habe.
Treten Sie dabei bestimmt und mit fester Überzeugung auf!
Sagen Sie beispielsweise:

„ Schluss jetzt! Es reicht! Hier wird nicht geschlagen."
„ Hört sofort auf damit! Das läuft hier nicht."
„ Auseinander ihr beiden! Konflikte lösen wir anders."

Trennen Sie darauf die Kontrahenten, indem sie den Blickkontakt beider unterbrechen und/oder die beiden in verschiedene Räume bringen, damit sie ihre aufgestauten Gefühle zunächst erst wieder in den Griff bekommen!
Lassen Sie die beiden solange unter Ihrer Aufsicht, bis die Situation wirklich deeskaliert ist und akzeptieren Sie keine beschwichtigenden Bagatellisierungen! Um den Stress innerlich abzubauen, gibt es verschiedene Anregungen. So hilft z.B. ruhiges Durchatmen (*„Atmet erst einmal tief durch!"*), die Besinnung auf den Körper (*„Höre, wie dein Herz schlägt, vor lauter Aufregung!"*) oder sinnliche Stimulierungen (Lassen Sie beispielsweise eine Mandarine schälen!). Vielen Kindern hilft auch eine sichere angenehme Umgebung oder eine ordnende Tätigkeit (z.B. Sachen ordnen, Stühle wieder hinstellen, Wunden versorgen, usw.). Ebenso kann ein verständiger Zuhörer, den die Betroffenen am besten selbst wählen können sollten, zur Deeskalation beitragen. Erst dann können weitere Schritte, wie z.B. ein Streitgespräch unternommen Machen Sie deutlich, dass die Schüler für ihre Tat Verantwortung übernehmen müssen, dass es sich nicht um eine „normale Sache" handelt, sondern um Körperverletzung, sexuellen Übergriff, psychische Gewalt, Raub, o.ä. und so etwas nicht geduldet wird! Als Konsequenz sollten diese Schüler sich vor dem Streitgegner verantworten, wobei sie von Lehrer-Mediatoren, Schulpsychologen, Sozialpädagogen oder dem Klassenrat Hilfe erwarten können. Daneben gibt es Strafen aus dem Maßnahmekatalog gemäß dem Schulgesetz, die im Rahmen einer solchen Runde verhängt werden können.

7.5. Baustein 5: Umgang mit unangemessenem Schülerverhalten

Im Prinzip sind die Möglichkeiten einer Reaktion auf ein unangemessenes Schülerverhalten, also ein Verhalten, dass Sie als Lehrer nicht annehmen können, in den vorangegangenen Bausteinen schon erläutert worden. In diesem Fall besitzen Sie das Problem und reagieren mit Ich-Botschaften, um den Schüler damit zu konfrontieren. Schalten Sie danach unbedingt auf aktives Zuhören um, um die Handlung und die Gefühle des Schülers verstehen zu können! Greifen Sie nicht die Person an, sondern richten Sie Aufmerksamkeit auf das Verhalten, das der Schüler an den Tag legt! Meist ist es nicht so, dass der Schüler Sie aus reinem Spaß an der Freude provozieren möchte. Vielmehr liegt häufig eine Botschaft des Schülers dahinter, durch die er offenbart, dass er ein Problem hat.
Widmen Sie den negativen Verhaltensweisen aber nicht mehr Aufmerksamkeit, als positiven Verhaltensweisen! Ermahnen Sie beispielsweise nicht die Schüler, die bei Stundenbeginn noch nicht an ihrem Platz sind, sondern loben Sie die Kinder, die zeigen, dass sie zum Unterricht bereit sind!

Präventiv ist es besonders hilfreich, mit den Schülern Regeln zu vereinbaren, die Toleranzgrenze klar darzulegen und konkrete Konsequenzen bei Nichteinhaltung von Regeln bekannt zu machen. Besonders wirksam erscheint es, wenn die Schüler nicht nur die Regeln mit aufstellen und sich zu deren Einhaltung verpflichten, sondern wenn sie auch an der Überprüfung der Einhaltung der Regeln und der Aufstellung von Konsequenzen bei Regelverletzungen beteiligt werden. Betonen Sie dabei immer wieder, dass im Grunde alle von einer positiven und friedlichen Atmosphäre profitieren und dass jeder freundlich und mit Rücksicht behandelt werden möchte! Es liegt in der Verantwortung jedes Einzelnen, dazu beizutragen.

Wenn einige Schüler dennoch häufig gestörte Verhaltensweisen zeigen, mit denen Sie nicht fertig werden, sollten Sie natürlich auch auf professionelle Hilfen zurückgreifen können. Wenn es viele Schüler betrifft, könnten dafür ausgebildete Pädagogen an die Schule geholt werden, die Workshops und Trainings durchführen, als neutrale Personen vermitteln oder bei der Entwicklung eines Schulprogramms beratend zur Seite stehen können.
Haben einzelne Schüler besondere Probleme, können Sie eine Betreuung durch den Schulpsychologen empfehlen oder auf sonderpädagogische Maßnahmen verweisen. Gegebenenfalls könnte auch eine Thera-

pie bei einem Psychologen oder einem Psychotherapeuten empfehlenswert sein.

7.6. Baustein 6: Elternarbeit

Eine Einbeziehung der Eltern in das Konflikttraining ist von großer Bedeutung, denn wenn die Schüler lernen, dass sie die Methoden und Techniken nicht nur im Unterricht brauchen, sondern sie v.a. auch im persönlichen Umfeld besonders hilfreich sind, werden sie sie viel leichter verinnerlichen. Die Eltern sollten erfahren, was ihre Kinder lernen und wie sie selbst angemessen darauf reagieren können. Ebenso wird die Beziehung zwischen Elternhaus und Schule verbessert, wenn die Eltern in schulische Belange mit einbezogen werden.
Die Möglichkeiten, die ich aufzeigen werde, sind nur kleine Schritte. Ich halte diese aber dennoch für notwendig und sinnvoll.

Im Vorfeld eines solchen Programms sollten die Eltern in einer **Informationsveranstaltung** über die Ziele und das geplante Vorgehen informiert werden. Das gilt sowohl für die Durchführung eines Schulprogramms, als auch für die Durchführung kleinerer Einheiten in einer einzelnen Klasse, wobei letzteres natürlich auch in einem kleineren Rahmen bei einem Elternabend erläutert werden kann.
Während des Programms könnten regelmäßig **Informationszettel** mitgegeben werden, worauf mitgeteilt wird, worum es zur Zeit geht und welche Ziele damit verfolgt werden. Sehr wahrscheinlich führen solche Informationen dazu, dass die Eltern beginnen, sich darüber mit den Kindern zu unterhalten.
Wenn Sie mit den Kindern die Methoden zur konstruktiven Konfliktbewältigung erarbeitet haben, wäre es günstig, im zeitlichen Zusammenhang, einen **Elternworkshop** durchzuführen, bei dem auch die Eltern wichtige Methoden (v.a. aktives Zuhören, Ich-Botschaften senden, Bestätigen) in kleinen Übungen und Rollenspielen erfahren. Eventuell könnten Sie auch die Kinder ein Rollenspiel vorführen lassen. Beziehen Sie für die Vorbereitungen eines solchen Vorhabens ruhig die Elternvertreter mit ein!
Wenn sich die Eltern untereinander noch nicht kennen, lassen Sie Namensschilder aufstellen, damit man sich mit dem Namen ansprechen kann. Zu Beginn sollte dann zunächst eine Kennlernrunde stattfinden, möglichst so, dass sich nicht nur jeder namentlich vorstellt, sondern sich vielleicht auch Partnergespräche ergeben, und jeder über jeden etwas mehr erfährt.
Im Rahmen von **Elternabenden** könnten Sie auch die Arbeiten der Kinder (Plakate oder Übersichten zu diesem Thema) präsentieren. Viel-

leicht konnten Sie bei der Bearbeitung von Konflikten auch mit einer Videokamera arbeiten. Solche Aufnahmen sind für Eltern natürlich besonders interessant.
Des weiteren bietet sich an, durch **Elternbriefe** die Eltern aufzufordern, ihrem Kind bei der Bewältigung verschiedener konkreter Aufgaben zu helfen. So könnten die Kinder z.B. mit Hilfe der Eltern nach Zeitungsartikeln suchen, in denen lokale oder auch globale Konflikte angesprochen werden. In der Schule könnte auch für solche Konflikte nach Lösungsmöglichkeiten gesucht werden. Oder sie bekommen die Aufgabe, mit ihren Eltern nach Personen zu suchen, die Schlichtungen durchführen und deren Vorgehensweise zu analysieren. Eine andere Frage könnte sein: „Wer war ein bedeutender Friedensstifter?" (vgl. Anregungen von *Drew* 2000) Auf diese Weise haben auch die Eltern die Möglichkeit, ihr Wissen anzubringen und den Kindern zu helfen.
Bieten Sie den Eltern auch an, auf Wunsch **Einzelgespräche** durchzuführen! Achten Sie dabei selbst auf Ihre Kommunikationsmethoden! Wenn solche Gespräche aus besonderem Interesse der Eltern gewünscht werden, so gehen Sie darauf ein und geben Sie ausführliche Informationen zu dem Programm und den Fortschritten des Kindes! Haben die Eltern aber große Erziehungsprobleme, so hören Sie ihnen zu und empfehlen Sie gegebenenfalls professionelle Hilfe!
Versäumen Sie auch nicht, den Eltern hin und wieder positive Mitteilungen über die Fortschritte ihres Kindes zu geben! Wenn Eltern nur benachrichtigt werden, wenn etwas nicht läuft, werden Sie mit Mitteilungen Ihrer Seite immer mehr negative Gefühle verbinden.
Was die Beziehungen zwischen Ihnen und den Eltern sowie die zwischen den Eltern und damit auch die Kooperation in jedem Fall verbessern wird, sind **gemeinsame Aktionen und Unternehmungen**. Nutzen Sie also solche Gelegenheiten!

8. Schüler lernen konstruktive Konfliktbewältigung

Nach den Ausführungen, die Lehrern Hilfen zum Umgang mit Konflikten in der Grundschule anbieten sollten, folgt nun der Abschnitt mit Trainingsmöglichkeiten für Schüler, die sie dazu befähigen sollen, mit Konflikten konstruktiv umzugehen.

8.1. Baustein 1: Identitätsentwicklung

Alle Menschen haben ein Bedürfnis nach Gemeinschaft. Um sich aber in eine Gemeinschaft erfolgreich integrieren zu können, sollte die Ich-Identität entwickelt und gestärkt werden, denn darin sind unsere Selbstsicht und die Sicht der anderen auf uns integriert. Persönlichkeit kann demnach durch Ermutigung und Annahme von außen sowie durch ein Selbstwirksamkeitserleben, durch Aufbau von Eigenentscheidungen und Selbstverantwortung entwickelt und gestärkt werden. Dazu müssen den Schülern einerseits Freiräume zur Verfügung stehen, andererseits aber auch Grenzen und Regeln gesetzt werden. Dieses wird aber weniger mit der Durchführung von Übungen erreicht, als durch die gesamte Unterrichtsgestaltung. Es gilt also, eine Balance zwischen Eigenständigkeit und dem Eingebundensein im sozialen Netz zu finden.

In den folgenden Übungen sollen die Schüler ihren eigenen Wert als Individuen und den Wert anderer, unabhängig von schulischen Leistungen, erfahren. Dazu sollten die Kinder lernen, ihre eigenen Stärken und die der anderen zu entdecken und diese auch mitzuteilen, also andere zu bestätigen sowie selbst Bestätigungen anzunehmen.

■ Ich bin etwas Besonderes

Altersstufe: ab der 2. Klasse
Material: keines

Einführung: *Jeder Mensch ist etwas ganz Besonderes. Auch jeder von euch ist einzigartig. Das soll gleich jeder sehen können. Überlegt, mit welcher besonderen Bewegung ihr euch den anderen vorstellen könntet!*

Ablauf: Die Kinder stehen im Kreis und der Lehrer beginnt, indem er einen Schritt vortritt, seinen Namen sagt und dazu eine Bewegung macht (z.B. „Ich bin Frau Schmidt." und dabei einen weiten Bogen mit den Armen beschreiben). Daraufhin tritt er wieder in den Kreis zurück und alle Kinder imitieren daraufhin die Bewegung mit den Worten „Aaah, das ist ... (Frau Schmidt)". Der Reihe nach kommt jedes Kind dran, sagt seinen

Namen und macht eine bestimmte Bewegung. Dabei sollte darauf geachtet werden, dass sich die Bewegungen nicht wiederholen, denn sie sollen ja die Einzigartigkeit darstellen. Fällt einem Kind keine Bewegung ein, können auch Vorschläge gemacht werden. Jede Bewegung wird anschließend von allen nachgeahmt und mit den Worten „Aaah, das ist ..." begleitet.

Anschlussgespräch:
Wie hat euch das Spiel gefallen?
Wie ist das Gefühl, einmal im Mittelpunkt zu stehen, wenn alle auf euch achten?

(modifiziert nach mündlicher Überlieferung)

■ Meine Namensgeschichte

Altersstufe: ab 2.Klasse (mit Unterstützung der Eltern)
Material: Papier, Stifte oder Farben, Vornamenbücher, eventuell Internet, (Elternbrief)

Einführung: *Wir wollen einmal unsere Namen erforschen. Jeder hat seinen eigenen Namen, der zu seiner Person einfach dazugehört. Diesen Namen haben euch Eure Eltern geschenkt, weil ihnen dieser Name besonders gut gefallen hat. Manchmal gibt es auch noch viele andere Gründe, warum sie genau diesen Namen ausgewählt haben.*
Aber nicht nur das können wir erforschen. Die meisten Namen sind auch schon sehr alt. Sie können aus anderen Sprachen und Kulturen stammen und etwas Besonderes bedeuten. Auch solche Bedeutungen können wir versuchen, herauszufinden.

Ablauf: Zunächst bekommt jedes Kind ein Blatt Papier, auf das es in die Mitte seinen Namen malen und kreativ gestalten kann.
Die Kinder sollen dann überlegen, was sie mit ihrem Namen assoziieren. Dieses können sie in ein Feld auf dem Blatt malen oder schreiben. In ein weiteres Feld können sie einschreiben (oder einschreiben lassen, wenn das Schreiben noch Probleme bereitet), was sie eventuell schon über ihren Namen wissen.
Je nach Alter der Kinder, können sie aufgefordert werden, in Vornamenbüchern oder im Internet (hierzu gibt es zahlreiche Webseiten, z.B. www.kindername.de, www.vornamenlexikon.de oder www.vornamen.de) nach der Herkunft und der Bedeutung zu suchen und die Ergebnisse jeweils in den verschiedenen Feldern festzuhalten. Darüber hinaus sollten natürlich auch die Eltern befragt werden.

Bei jüngeren Kindern werden die Eltern in einem kurzen Brief darum gebeten, mit ihren Kindern die Herkunft und der Bedeutung des Namens herauszufinden und die Ergebnisse einzutragen. Natürlich sollen die Kinder auch erfragen, aus welchen Gründen die Eltern diesen Namen ausgewählt haben.
Die fertigen Namensblätter können noch weiter individuell gestaltet werden und anschließend im Kreis vorgestellt werden. Dazu kann jedes Kind dann seine Namensgeschichte erzählen.

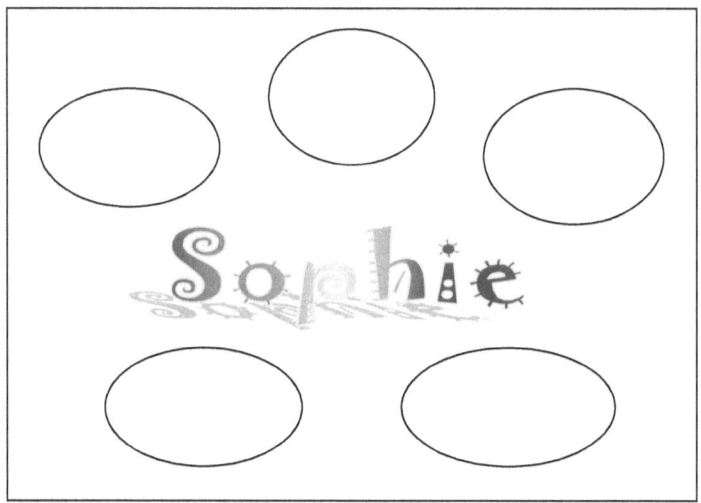

Abb. 16

Anschlussgespräch:
Wie fandet ihr diese Aufgabe?
Habt ihr etwas Neues über euren Namen erfahren?
Seid ihr stolz auf euren Namen?

■ Ich kann etwas besonders gut.

Alterstufe: ab 2. Klasse
Material: keines

Einführung: *Sicherlich kennt ihr das Spiel „Ich packe meinen Koffer". Das wollen wir heute spielen, allerdings ein bisschen verändert. Jeder sollte sich aber zuerst einmal überlegen, was er besonders gut kann und* *worauf er stolz ist. Ich bin sicher, dass jeder von euch etwas findet. Es muss nicht unbedingt etwas sein, was mit dem Lernen zu tun hat. Wenn beispielsweise jemand besonders gut pfeifen kann, so kann er darauf auch besonders stolz sein.*

Ablauf: Nach ein paar Minuten Bedenkzeit können Sie dann das Spiel erklären. Alle sitzen im Kreis. Sie fangen an, indem Sie z.b. sagen: „Ich bin Frau Schmidt und ich kann besonders gut Geschichten erzählen." Das nächste Kind kann nun fortfahren, indem es die Aussagen wiederholt: „Das ist Frau Schmidt und sie kann besonders gut Geschichten erzählen" und dann sich selbst vorstellt: „ ... und ich bin ... und kann besonders gut ...". Wenn ein Kind nicht mehr alles zusammenbekommt dürfen die jeweiligen Kinder natürlich helfen!

Anschlussgespräch:
Wie hat euch das Spiel gefallen?
Wie ist das, wenn ihr euch vor den anderen selbst lobt?
Wer sagt euch sonst, dass ihr etwas gut könnt oder dass er stolz auf euch ist?

(modifiziert nach mündlicher Überlieferung)

■ Mein Schattenbild

Altersstufe: ab 2.Klasse
Material: Overhead-Projektor, A3- Buntpapier, Bleistifte, Scheren

Einführung: *Habt ihr schon einmal euer Gesicht von der Seite betrachtet? Geht das überhaupt? Wenn ihr mal ein paar eurer Mitschüler von der Seite anschaut, werdet ihr sehen, dass das Profil (eventuell Begriff erklären) bei jedem ganz anders ist. Jeder hat sein ganz eigenes charakteristisches Profil. Noch besser werden wir das erkennen, wenn wir das Profil mit den Fingern nachfahren oder auch auf Papier abzeichnen. Das wollen wir heute tun.*

Ablauf: Lassen Sie den Kindern ein wenig Zeit, die Profile verschiedener Mitschüler zu betrachten, mit den Fingern nachzufahren und zu vergleichen. Sie könnten auch mehrere Handspiegel mitbringen, damit die Kinder auch ihr eigenes Profil sehen können. Erklären Sie dann, wie man mit Hilfe des Overhead-Projektors das Profil auf das Papier übertragen kann. Bitten Sie die Kinder, sich jeweils ein farbiges Blatt Papier auszusuchen und zeigen Sie bei einem Kind, wie es gemacht wird.

Das Papier wird in Kopfhöhe mit Tesakrepp an der Wand befestigt. Das Kind stellt sich seitwärts vor das Blatt. Mit etwas Abstand dazu wird der Projektor aufgestellt und angeschaltet. Den Abstand vom Kind zur Wand müssen Sie gegebenenfalls korrigieren, so dass dann der Schatten auf die Papiergröße passt. Nun können die Schattenumrisse mit Bleistift auf das Papier gebracht werden.
Überlegen Sie bei Ihrer Vorbereitung auch, ob Sie eventuell mehrere Projektoren aufstellen können oder ob die Kinder, die noch nicht dran sind, eventuell andere Aufgaben übernehmen können!
Sind die Umrisse abgezeichnet, werden sie ausgeschnitten und an geeigneter Stelle im Raum angebracht. Möglich wäre auch, dass die Kinder im Anschluss daran, die Profile den anderen Kindern zuordnen müssen.

Anschlussgespräch:
Gibt es jemanden, dessen Profil ihr sofort erkennen würdet?
Was ist das Besondere daran?
Gibt es auch Profile, die etwas gemeinsam haben? Was ist das Gemeinsame?

(modifiziert nach mündlicher Überlieferung)

■ Ich mag alle die...

Altersstufe: ab 1. Klasse
Material: keines

Einführung: *Wir alle haben das Bedürfnis nach Anerkennung, also danach, dass uns jemand sagt, was er an uns mag. Dazu wollen wir heute ein kurzes Spiel machen.*

Ablauf: Die Kinder sitzen im Stuhlkreis. Für ein Kind steht der Stuhl in der Mitte des Kreises. Dieses Kind ruft „Ich mag alle, die ...(gern Fußballspielen, rote Sachen anhaben, Postkarten sammeln, gern schwimmen, ...)." Die Kinder, die sich damit angesprochen fühlen, und das rufende Kind selbst springen auf und suchen sich unter den frei werdenden Stühlen einen neuen Platz. Wer auf dem Stuhl in der Mitte Platz nimmt, ruft als nächstes: „Ich mag alle, die ..." usw.
Achten Sie darauf, dass alle Kinder einmal angesprochen werden!

(modifiziert nach mündlicher Überlieferung)

■ Mein Indianername

Altersstufe: ab 1. Klasse
Material: Liste mit Adjektiven und Substantiven (siehe Abb.17)

Einführung: *Wisst ihr eigentlich, wie die Indianer ihren Namen bekommen?*
Zu ihrer Geburt bekommen sie einen Namen von ihrer Mutter oder ihrem Vater. Meistens heißen sie dann „Kleiner Büffel" oder „Kleine Blume", meist sogar so, wie ihre Eltern, aber eben mit dem Wort „klein" davor.
Erst wenn sie größer sind, bekommen sie ihren richtigen Namen. Dieser bezeichnet meistens etwas, was sie besonders gut können oder etwas, was zu ihrer Eigenart gehört. Wenn ein Indianer also „Schneller Pfeil" heißt, dann ist er sehr wahrscheinlich ein guter Jäger. Heißt eine Indianerin vielleicht „Singende Flöte", kann sie wahrscheinlich besonders gut Flöte spielen. Manche dürfen sich ihren Namen selbst aussuchen. Bei anderen entscheiden auch die Eltern oder der Medizinmann über den Namen. Außerdem hat man auch später noch die Möglichkeit, seinen Namen zu ändern, wenn man denkt, dass dieser Name nicht mehr zu einem passt.
Dazu möchte ich euch zunächst eine Geschichte vorlesen.

Ablauf: Sie lesen die Geschichte „Wie ‚Kleiner Bär' einen neuen Namen erhielt" (*Jacob* 2002, S.81-89) vor:

Wie „Kleiner Bär" einen neuen Namen erhielt

„Kleiner Bär" stapfte missmutig zwischen den Hütten seines Klans herum und kickte eine seltsam gewachsene kleine Baumwurzel vor sich her. Mit jedem kräftigen Tritt, den er dem Holzstück gab, ließ er ein bisschen Wut und Unzufriedenheit aus sich heraus.
„Kleiner Bär" war neun, nein, fast zehn Jahre alt und wollte unbedingt endlich mit seinem Vater auf die Jagd gehen. Er war groß genug, er war stark genug, das mussten doch endlich alle sehen.
Hatte er nicht tagelang bei großer Hitze und stechender Sonne den Zug der Bisons beobachtet? Hatte er nicht viele Monde lang mit Pfeil und Bogen schießen geübt, sodass er jetzt ein Ahornblatt auf viele Meter Entfernung traf? Hatte er nicht immer wieder in Wettrennen gegen die anderen Jungen gezeigt, dass er schnell wie ein Pfeil rennen konnte?
Wie lange würde es noch dauern, bis sein Vater ihn endlich mitnahm, wenn er mit den anderen Männern auf die Bisonjagd ging?

Er kickte das kleine Holzstück mit einem festen Tritt um die Ecke des Langhauses. Es flog mit so viel Schwung, dass es nur knapp das Ohr von „Großer Wolf" verfehlte. „Großer Wolf" war der Großvater von „Kleiner Bär" und sehr geachtet im ganzen Stamm, weil er klug, bedächtig und weise war.

„Großer Wolf" hob das Holzstück, das neben ihm gelandet war, auf und betrachtete es lange und sorgfältig. „Warum tust du diesem Stück Holz weh?", fragte er seinen verdutzten Enkel.

„Ich...ich...weiß nicht!", stotterte „Kleiner Bär".

Der alte Indianer ließ das Wurzelholz durch die Hand gleiten, hielt es gegen das Sonnenlicht und zeigt es seinem Enkel. „Sieht es nicht aus wie ein Bison? Sieh hier der starke Nacken, ein kräftiger Körper." „Kleiner Bär" sah sich das Stück Wurzel zum ersten Mal ganz genau an und fand auch, dass es wie ein Bison aussah.

„Behandle die Natur immer gut, denn du bist ein Teil von ihr. Vielleicht wirst du schon bald einem Bison gegenüberstehen", sagte „Großer Wolf".

„Oh, das ist es, was ich will, Großvater. Endlich mit meinem Vater auf die Jagd gehen. Bisons jagen, mich lautlos anschleichen und dann meine Pfeile durch die Luft schwirren lassen. Und wenn ich dann ein Tier erlegt habe, ... dann ... dann bekomme ich auch vielleicht einen neuen Namen! Ich will nicht mehr ‚Kleiner Bär' heißen! Wer heißt in meinem Alter denn schon noch ‚Kleiner Bär'. Meine Mutter ‚Weiße Taube' hat mich so genannt, weil ich bei meiner Geburt so knubbelig und knuddelig wie ein kleiner Bär war, hat sie mir erzählt. Da hat sie ja bestimmt Recht gehabt, aber das ist lange her und jetzt will ich einen anderen Namen!", brach es aus ihm heraus.

„Wenn man wie du ‚Großer Wolf' heißt, das ist gut. Da haben alle Ehrfurcht. Wenn ich erst auf der Jagd war, heiße ich vielleicht ... ‚Der das Bison schoss', ... das wäre schön."

Sein Großvater lächelte. Er drückte „Kleiner Bär" das Wurzelholz, das wie ein Bison geformt war, in die Hand und sagte lächelnd: „Die Zeit bringt Veränderung."

Und der Großvater sollte Recht behalten. Schon wenige Tage später nahm der Vater von „Kleiner Bär" ihn mit auf die Jagd.

Am Abend vor der Jagd tanzten die Männer den Büffeltanz. In der Dämmerung kamen die Jäger zusammen. Einige von ihnen hatten große Büffelmasken angezogen, die anderen trugen Bogen und Speere. Unter dem stetigen rhythmischen Schlagen der Trommeln tanzten die Jäger um die Büffel-Tänzer herum um so Macht über ihrer Beute zu erlangen. „Kleiner Bär" durfte noch nicht mittanzen, saß aber dabei und war sehr aufgeregt.

In den frühen Morgenstunden zogen die Männer los. Sie hatten lange Speere mit Spitzen aus Stein dabei, in ledernen Köchern steckten ihre Pfeile und der Bogen aus biegsamem Holz und gespannten Tiersehnen hing über ihren Schultern.
„Kleiner Bär" hatte seine Pfeile im Köcher verstaut und hielt seinen Bogen fest umklammert. Vor lauter Aufregung konnte er nichts mehr zum Frühstück essen. Er steckte noch schnell ein paar getrocknete Maiskörner in den Mund und folgte dann seinem Vater.
Ohne ein Geräusch zu machen und ohne ein Wort zu sprechen gingen die Jäger den engen Pfad entlang, der sie zu den Weidegründen der Büffel führen würde.
Nachdem sie eine Weile gegangen waren, sahen sie auch schon die riesige Büffelherde grasen. Die Jäger schlichen sich leise an die Tiere heran.
„Kleiner Bär" folgte mit angehaltenem Atem seinem Vater. Die Baumwurzel, die wie ein Bison geformt war, hatte er an seinen Gürtel gebunden. Er war sicher, dass sie ihm Glück bringen würde.
Die Jäger näherten sich der Herde und dann, auf ein Zeichen stürzten sich alle mit lautem Geschrei auf die Bisons.
Die Herde setzte sich in Bewegung und rannte los. Die Jäger brüllten laut und lauter, einige schlugen wild auf kleine Trommeln. Die Männer jagten die Büffel und versuchten sie mit ihren Speeren zu erlegen oder schossen ihre Pfeile auf die Büffel ab.
Es war ein großes Durcheinander. Staub wirbelte auf von den Hufen der Tiere, die Jäger riefen laut, rannten hinter den Büffeln her und schleuderten ihre Speere.
„Kleiner Bär" wusste gar nicht, was er machen sollte. Er rannte mit den Männern mit und versuchte seine Pfeile aus dem Köcher zu ziehen, aber alles, was er zu Hause geübt hatte, war jetzt in der Aufregung und der Eile gar nicht mehr so einfach.
„Kleiner Bär" rannte immer hinter seinem Vater her und versuchte alles so zu machen wie er.
Der Vater zog einen Pfeil aus seinem Köcher und legt auf einen Büffel an, der recht nah vor ihm war.
Auch „Kleiner Bär" zog einen Pfeil aus seinem Köcher und legte ihn in seinen Bogen.
Mit einem Mal hielt der Büffel an. Das massige Tier drehte sich um und kam bedrohlich auf den Vater zu. „Kleiner Bär" konnte vor Schreck nicht mal laut schreien.

Er spannte seinen Bogen und wollte auf das Tier zielen, aber sein Herz klopfte so sehr, dass er gar nicht wusste, wo er hinzielen sollte und seinen Pfeil nur einfach so abschoss.
Der Pfeil schwirrte durch die Luft und blieb vor dem Büffel im Sand stecken. Das Tier stand einen Moment still, als ob es überlegte, dann drehte es sich um und lief in die entgegengesetzte Richtung davon.
"Kleiner Bär" war erleichtert, dass seinem Vater nichts passiert war, aber gleichzeitig schämte er sich, dass er den Büffel nicht getroffen hatte.
Doch sein Vater nahm ihn in den Arm und sagte, er sei sehr stolz auf seinen Sohn, der mutig den Pfeil auf den wütenden Büffel geschossen hatte.
Es wurde noch eine erfolgreiche Jagd für die Jäger. Sie schossen so viele Büffel, dass alle wieder für lange Zeit zu essen hatten.
Sie brachten die erlegten Tiere ins Dorf. Dort bereiteten die Frauen aus dem Fleisch ein Festessen zu. Alles, was nicht gleich verzehrt wurde, trocknete man. Die Haut wurde zu Riemen und Gurten verarbeitet und aus dem Fell gab es ein neues Bett für "Kleiner Bär".
Aber das Schönste war, dass "Kleiner Bär" von seinem Vater und dem gesamten Stamm einen neuen Namen bekam. Er hieß von jetzt an: "Der mit dem Pfeil schießt" und das war ein ehrenvoller Indianername und die Wurzel, die so aussieht wie ein Bison, sollte ihn immer begleiten, denn es war sicher, dass sie ihm Glück gebracht hatte.

(aus: Jacob, Renate: Indianergeschichten, Gondrom Verlag GmbH, Bindlach 2002.)

Im Kreisgespräch können Sie anschließend folgende Fragen stellen und besprechen:

- Wofür hat "Kleiner Bär" seinen neuen Namen bekommen?
- Wie könnte ein Indianer z.B. genannt werden?
- Findet viele mögliche Namen!

Bitten Sie dann die Kinder, sich in Viererguppen zusammenzufinden und gemeinsam herauszufinden, wer welche typischen Eigenschaften hat und was jeder besonders gut kann. Zu viert soll jeweils entschieden werden, welcher Indianername zu jedem Kind passt und wenn das betreffende Kind damit einverstanden ist, kann es seinen neuen (zweiten) Namen annehmen. Als Hilfestellung könnten den Schülern auch Listen, wie beispielsweise die folgende, mit verschiedenen Adjektiven und Substantiven zur Verfügung gestellt werden, aus denen der Name zusammengestellt werden kann (Bei Kindern der 1. Klasse müsste eine Auswahl dieser Wörter vorgelesen werden.)

Eigenschaften	Substantive
jung, weise, alt, blendend, klein, groß, kurz, schnell, wild, singend, pfeifend, leise, still, ernst, lustig, laut, gut, mutig, blitzend, frech, ängstlich, außergewöhnlich, wichtig, ruhig, ausdauernd, helfend, standhaft, höflich, schlau, stark, heiter, lebhaft, mächtig, wütend, stumm, springend, leuchtend, hell, dunkel, rot, weiß, bunt, witzig, grübelnd, weich, lieblich, süß...	Schlange, Büffel, Adler, Sonne, Traum, Berg, Tal, Himmel, Stern, Blume, Wald, Pfeil, Bogen, Klinge, Messer, Fell, Pferd, Mond, Bruder, Schwester, Insel, Wasser, Leben, Auge, Wind, Donner, Wunder, See, Perle, Nacht, Hirsch, Reh, Wiesel, Boot, Trommel, Tag, Freund, Wolke, Gegner, Hand, Fisch, Jäger, Bär, Abendsonne, ...

Abb. 17

Anschlussgespräch: Hat jedes Kind einen neuen Namen, werden alle Kinder durch ihre jeweilige Gruppe den anderen vorgestellt. Dieses könnte von den übrigen Schülern mit Trommeln und vielleicht auch einem kurzen Indianertanz begleitet werden.
Bei der Namensvorstellung sollte begründet werden, warum dieser Name gewählt wurde. Fragen Sie auch, ob es sich um Eigenschaften handelt, die dieses Kind wirklich besitzt oder ob es eher Wunschvorstellungen sind. Auch diese sind natürlich erlaubt!

Wie diese Namen dann weiter verwendet werden, hängt von Ihrem Einfallsreichtum ab. Es könnten beispielsweise Ketten oder Stirnbänder mit den Namen gebastelt werden oder Sie verwenden die Namen in weiteren Spielen (z.B. „mein rechter, rechter Platz ist leer" oder Kreisspiele mit den Namen der Kinder). Vielleicht führen Sie auch eine fächerübergreifende Unterrichtseinheit zum Thema „Indianer" durch, währenddessen die Kinder bei ihrem Indianernamen angesprochen werden. Sicher fällt Ihnen und den Kindern dazu noch mehr ein.

■ Andere bestätigen I

Altersstufe: ab 2. Klasse
Material: Briefumschlag für jedes Kind, für jedes Kind so viele Notizblockzettel, wie Schüler in der Klasse sind, Stifte

Einführung: *Jeder von euch hat seine ganz besonderen Stärken. Natürlich hat auch jeder einige Schwächen. Aber damit ihr euch in eurer Klasse wohlfühlt, braucht jeder die Gewissheit, dass andere ihn mögen und seine Stärken anerkennen.*
Deshalb wollen wir heute jedem etwas Gutes tun und uns loben, damit sich alle Kinder hier besonders wohl fühlen können und wissen, dass sie von den anderen geachtet werden. Selbst wenn einer mit dem anderen manchmal nicht so gut auskommt, gibt es immer etwas, was einem am anderen gefällt.

Ablauf: Sie teilen jedem Kind einen Briefumschlag aus, den es von außen gestalten kann. Auf jeden Fall sollte der Name darauf geschrieben werden. Beteiligen Sie sich auch selbst an der Übung! Dann gibt jeder seinen Briefumschlag weiter und der, der ihn erhält, schreibt eine freundliche und persönliche Botschaft, die an das Kind des Umschlags gerichtet ist, auf einen Zettel und steckt diesen in den Umschlag. Vorher sollten Sie aber gemeinsam besprechen, was solche Botschaften beispielsweise sein könnten. Bei jüngeren Kindern würden einzelne Worte ausreichen, bei älteren Kindern wären vollständige Sätze angebrachter. Verweisen Sie beim Schreiben auch immer wieder auf das Ziel (s.o.), damit die Übung nicht für die Austragung von Streitigkeiten missbraucht wird.
Sind alle Umschläge einmal durch die Klasse gewandert und wieder bei ihrem Besitzer angelangt, sollte natürlich genügend Zeit sein, um die Zettel durchzulesen.

Anschlussgespräch:
Wie fühlt ihr euch nach soviel Anerkennung?
Gibt es Botschaften, die euch überrascht haben?
Ist jemand von euch enttäuscht?
Wie wäre es, wenn ihr auch andere Menschen (Eltern, Verwandte, Bekannte) öfter mal loben würdet?

(in Anlehnung an *Baum, Bücken & Starz* 1995)

■ **Andere bestätigen II**

Altersstufe: ab 1.Klasse
Material: Stühle

Einführung: *Jeder von euch hat etwas, was die anderen an euch besonders mögen. Damit ihr das erkennen könnt und ihr euch selbst wohlfühlt, ist es wichtig, dass ihr das auch mal gesagt bekommt. Deshalb wollen wir heute jeden mal für das, was er besonders gut macht oder kann, loben.*

Ablauf: Die Kinder sitzen oder stehen im Kreis. Ein Kind sitzt auf seinem Stuhl in der Mitte des Kreises. Dieses Kind darf sich vier Kinder aussuchen, indem es jeweils sagt: „Ich bitte ...(Name) zu mir, weil ...(Lob, z.B.: er mir oft hilft, sie mich nicht verpetzt, ich ihm gern zuhöre, ...)." Die vier ausgesuchten Kinder heben dann das Kind in der Mitte mit seinem Stuhl hoch und setzen ihn vor einem anderen Kind im Kreis ab. Dieses Kind darf dann dem Kind auf dem Stuhl ein Lob aussprechen, z.B. „Du kannst gut singen.". Die vier Träger bringen das Kind auf dem Stuhl noch zu zwei weiteren Kindern. Von diesen drei lobenden Kindern kann das „Gelobte" dann eines auswählen, was als nächstes auf den Stuhl in die Mitte kann und wiederum vier Träger wählt, usw.
Führen Sie die Übung in regelmäßigen Abständen so oft durch, dass jeder Schüler einmal Träger und das Kind auf dem Stuhl sein konnte! Setzen oder stellen Sie sich als Lehrerin auch in den Kreis und machen Sie mit! (Natürlich sollen die Kinder Sie jedoch nicht tragen!)

Anschlussgespräch:
Hat euch diese Übung gefallen?
Wie fühlt ihr euch, wenn euch jemand etwas Nettes sagt?
Wer lobt euch sonst?
Wen lobt ihr sonst?

■ **Ich - Mobiles**

Altersstufe: ab 1.Klasse
Material: Scheren, Locher, Filzstifte, Papier, dickere Zweige (können Sie mitbringen oder noch besser mit den Kindern bei einem Spaziergang suchen lassen)

Einführung: *Wir haben jetzt schon in verschiedenen Übungen gelernt, dass jeder etwas ganz Besonderes ist. Ich habe mir überlegt, dass jeder* seine Besonderheiten auch in einem „Ich-Mobile" (Erklären Sie den Begriff!) darstellen könnte.

Ablauf: Zeigen Sie den Kindern Ihr eigenes Ich-Mobile als Beispiel! Damit können Sie zum einen erklären, was ein Mobile ist, worauf es ankommt und andererseits können Sie ihnen etwas Persönliches über Sie selbst mitteilen.

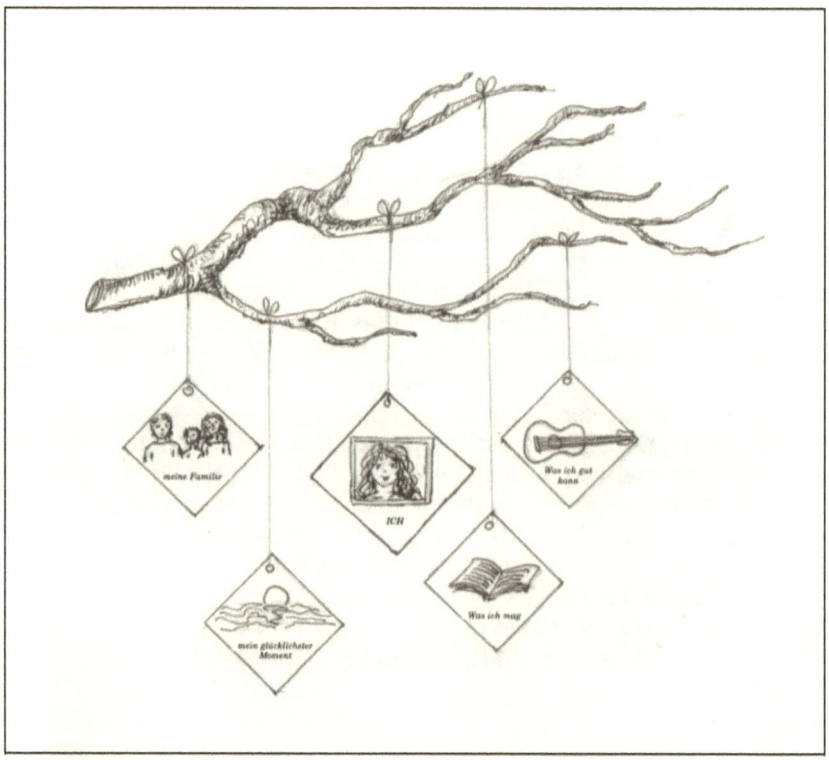

Abb. 18

Besprechen Sie mit den Kindern, welche Überschriften für die einzelnen Teile gewählt werden können. Hier sollten freie Entscheidungen möglich sein! Dennoch ein paar Vorschläge: Für das etwas größere Viereck in der Mitte könnte ein Foto oder ein Selbstportrait mit der Überschrift „Ich" angefertigt werden. Die anderen Themen könnten sein: „Meine Familie" oder „Jemand, der mir wichtig ist", „Mein glücklichster Moment im letzten Jahr", „Etwas, das ich gut kann", „Was ich einmal können möchte", „Was

ich mag", „Mein bester Freund", „Meine Lieblingsfarbe", „Was ich mir wünsche", usw.. Werden unterschiedliche Kategorien gewählt, sollte die jeweilige Überschrift mit auf das Bild geschrieben werden. Eventuell können Sie auch die Blätter vorbereiten, indem sie die Überschriften schon mit dem Computer eintragen.
Über die Gestaltung der einzelnen Teile sollten die Kinder selbst entscheiden können. Geben Sie aber trotzdem verschiedene Anregungen (z.b. Zeichnen, Malen, aus Zeitschriften ausschneiden, Kopieren, Fotos machen) und stellen Sie verschiedene Materialien zur Verfügung.
Die weitere Arbeit kann allein, im Austausch mit dem Nachbarn oder in einer Kleingruppe erfolgen.

Anschlussgespräch: Sind die Mobiles fertig, erhält jedes Kind die Möglichkeit, sein „Ich-Mobile" und dessen einzelne Teile der Klasse vorzustellen. Die anderen Kinder sollten dabei ermutigt werden, Rückmeldungen zu geben und eventuell Fragen zu stellen.
Die fertigen Mobiles sollten natürlich einen würdigen Platz im Klassenraum erhalten und könnten gegebenenfalls bei einem Elternabend vorgestellt werden.

(in Anlehnung an *Drew* 2000)

8.2. Baustein 2: Gefühlsbildung

Ein bewusster Umgang mit den eigenen Gefühlen und denen der anderen ist eine Voraussetzung, um eine positive Einstellung zu anderen Menschen zu gewinnen und prosoziale Verhaltensweisen zu entwickeln. Erst wenn die Kinder ihre eigenen Gefühle wahrnehmen, richtig deuten und akzeptieren können, werden sie auch erkennen, dass andere Menschen ebenso Gefühle entwickeln. Vor allem wenn sie im Umgang mit den eigenen negativen Gefühlen erfahren, wie diese ausgedrückt werden können, ohne andere zu verletzen, können sie lernen, solche auch bei anderen zu akzeptieren. Unter anderem wird durch Förderung solcher Aspekte auch die Fähigkeit zur Perspektivenübernahme weiterentwickelt.
Gefühle sollten als etwas erkannt werden, was unausweichlich zu unserem Leben dazu gehört. Wir können sie nicht ignorieren oder abwerten, aber wir können uns für ein Verhalten entscheiden, das diese Gefühle zum Ausdruck bringen kann. Daher sollte in der Schule genügend Platz sein, Gefühle ausdrücken und annehmen zu lernen, auch in konfliktfreien Situationen. Den folgenden Leitsatz von Ortrud Hagedorn halte ich dabei

für besonders bedeutungsvoll: „Gefühle sind nicht weiblich oder männlich, sondern menschlich." (*Hagedorn* 1994, S.23). Auch das sollte in der Schule thematisiert werden, da es aufgrund tradierter Vorstellungen immer noch so ist, dass Jungen sich veranlasst sehen, Gefühle, wie Trauer, Angst, Schwäche oder Zuneigung empfinden, verbergen zu wollen, um nicht weiblich zu wirken. Genauso versuchen Mädchen, „typisch männliche" Gefühle zu unterdrücken, wie z.B. Wut. In den folgenden Übungen sollte darauf immer wieder hingewiesen werden.

Die Schüler sollten erfahren können, wie das Mitfühlen heftige negative Gefühle erleichtern kann. Ebenso positiv ist es, wenn sie erfahren, welche positiven Gefühle sie erleben und sie anderen gegenüber ihr Mitgefühl zum Ausdruck bringen.

Die folgenden Übungen sollten die Schüler dabei unterstützen, Gefühle bei sich und bei anderen differenzierter wahrzunehmen, sie entsprechend auszudrücken und sich der dadurch erzielten Wirkung bewusst zu werden. Ebenso sollen Handlungsmöglichkeiten und Hilfen erarbeitet werden, wie die Kinder mit unangenehmen Gefühlen umgehen können.

■ Redestein

Altersstufe: ab 1. Klasse
Material: eine schönen handlichen Stein oder einen anderen angenehmen Gegenstand zum Weiterreichen

Einführung: *Jeder Mensch kennt viele verschiedene Gefühle. Manchmal sind es schöne Gefühle, manchmal sind es auch sehr unangenehme Gefühle, aber alle gehören sie zu unserem Leben dazu.*
Ich würde gern erfahren, welche Gefühle ihr selbst schon einmal hattet. Erzählt mir und den anderen Kindern, welche Gefühle ihr kennt und in welcher Situation ihr dieses Gefühl oder diese Gefühle bekommen habt!

Ablauf: Die Kinder sitzen im Stuhlkreis und derjenige, der etwas sagen möchte, bekommt den Redestein. Solange er diesen in der Hand behält, darf er von den anderen nicht unterbrochen werden. Ist er fertig, gibt er den Redestein an jemanden weiter, der sich auch dazu äußern möchte. Ermuntern Sie alle Kinder dazu, etwas zu sagen! Wenn Sie merken, dass nur wenige Gefühle zur Sprache kommen, melden auch Sie sich für den Redestein und berichten Sie von eigenen Situationen, in denen noch ganz andere Gefühle zur Sprache kommen (eventuell auch gemischte oder komplexe Gefühle, je nach Alter der Kinder)!
Um eine angenehmere Atmosphäre zu schaffen, können Sie zusätzlich auch eine Kerze anzünden, eine Duftschale in die Kreismitte stellen

und/oder eine ruhige Musik (meditative oder klassische Musik) leise laufen lassen.
Möchte keiner mehr etwas sagen, wird der Stein in die Kreismitte zurückgelegt.

Anschlussgespräch: Betonen Sie abschließend noch einmal, wie gut es tut, wenn man jemandem von seinen Gefühlen berichten kann, da man sich dann einander näher fühlt und sich und das jeweilige Verhalten besser verstehen kann! Danken Sie den Kindern auch für ihre Offenheit! Für die weitere Arbeit mit Gefühlen wäre es sinnvoll, wenn die Schüler auf einem großen Plakat so viele Gefühle, wie möglich zusammentragen, damit im Folgenden darauf zurückgegriffen werden.

(in Anlehnung an mündliche Überlieferung)

■ Gefühle an der Mimik ablesen I

Altersstufe: ab 1. Klasse
Material: Sie benötigen die 24 Gefühlsbilder, die auf den nächsten Seiten folgen (Abb. 19 bis 22). Es handelt sich um Zeichnungen des Grafikers Gary Faigin (*Faigin* 1998), der in seinem Buch „Mimikzeichnen leichtgemacht" auf die verschiedensten Ausdrucksmöglichkeiten in der Mimik eingeht. Schneiden Sie die einzelnen Karten aus und vervielfältigen Sie sie gegebenenfalls! Um die Karten haltbarer zu machen, empfiehlt es sich, Laminierfolien zu verwenden.

Einführung: *Wir haben schon darüber gesprochen, wie viele verschiedene Gefühle es gibt. Aber habt ihr auch eine Idee, wie man erkennen kann, welche Gefühle jemand gerade hat?* (Sicherlich kommen die Kinder auch darauf, dass man diese manchmal vom Gesicht ablesen kann. Wenn nicht, dann spielen Sie ruhig mit übertriebener Mimik kurze Szenen vor, in denen z.B. jemand wütend ist oder traurig.)
Wir wollen uns heute einmal verschiedene Gesichtsausdrücke anschauen. Mal sehen, ob wir daran erkennen, welche Gefühle die Personen gerade haben.

Ablauf: Legen Sie alle Karten verdeckt in eine Schale (o.ä.) und lassen Sie von jedem Kind eine Karte ziehen!
Jeder Schüler kann dann seine Karte den anderen vorstellen und das Gefühl deuten. Dazu sollte eine Situation beschrieben werden, in der dieses Gefühl entstanden sein könnte. Vielleicht möchten einige Schüler auch erzählen, wie sie das Gefühl selbst schon erlebt haben.

Anschlussgespräch:
War es leicht oder schwer, die Gefühle an den Bildern abzulesen?
Gab es auch unterschiedliche Meinungen und wenn ja, warum?
Achtet ihr sonst auch auf die Gesichter der anderen?

(in Anlehnung an *Hagedorn* 1994a; *Smith* 1994)

■ Gefühle an der Mimik ablesen II

Altersstufe: ab 1. Klasse
Material: vier Sätze der 24 Gefühlsbilder (Abb.19-22)

Einführung: *Wir haben schon versucht, die Gefühle von Menschen an ihrem Gesichtsausdruck zu erkennen. Allerdings waren das nur gezeichnete Gesichter. Lasst uns mal probieren, ob wir das auch an unseren eigenen Gesichtern ablesen können!*

Ablauf: Teilen Sie die Klasse in vier Gruppen auf. Jede Gruppe erhält einen Stapel mit 24 Gefühlskarten, die verdeckt auf dem Tisch liegen. Der Reihe nach zieht nun jedes Kind eine Karte, sieht sie sich an, ohne dass die anderen sie sehen können und versucht nun seinen Gesichtsausdruck diesem Gefühl anzupassen. Wer das Gefühl richtig errät, darf die Karte behalten.

Anschlussgespräch:
Wie hat euch die Übung gefallen?
War es einfach oder schwierig?

(in Anlehnung an *Hagedorn* 1994a; *Smith* 1994)

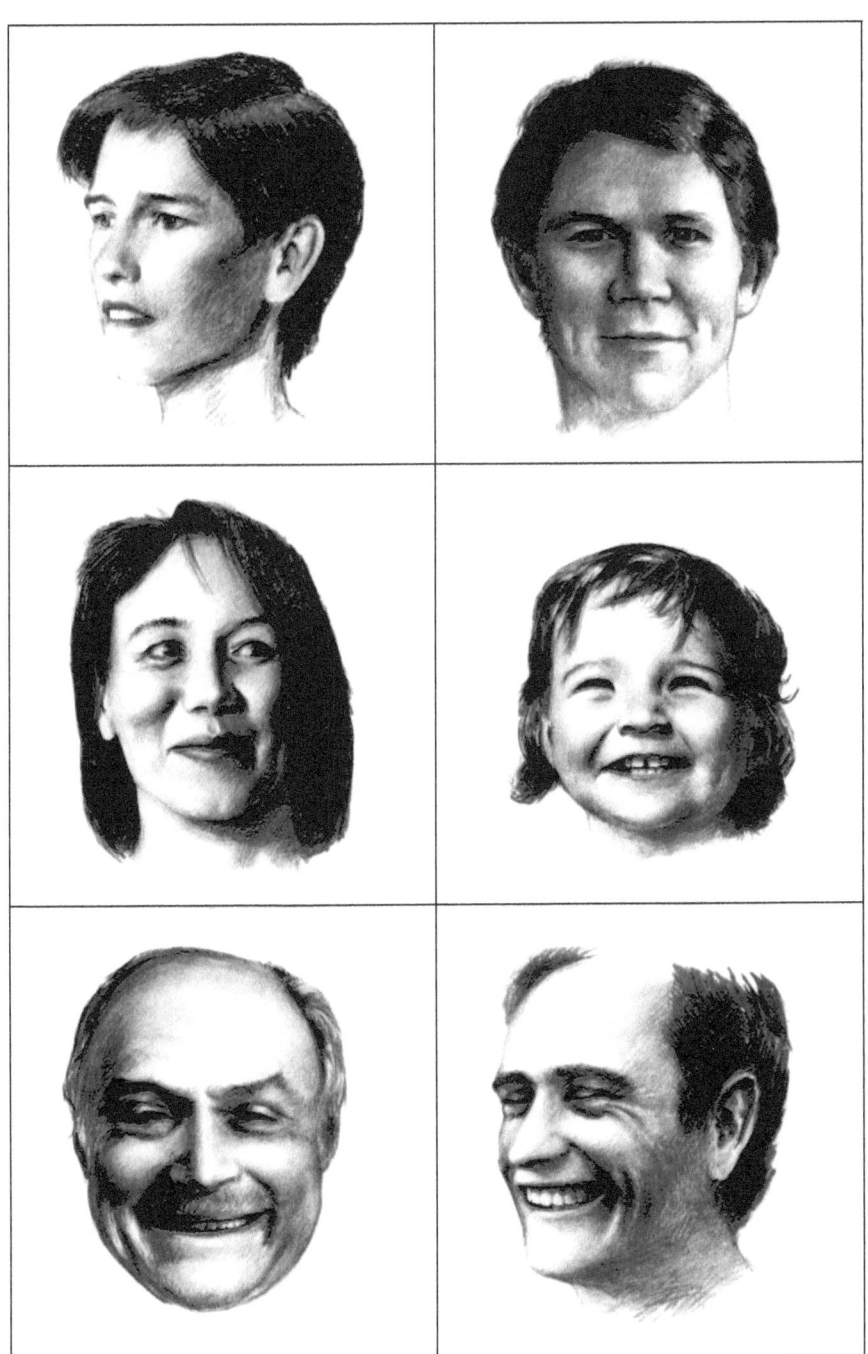

Abb. 19

Abb. 20

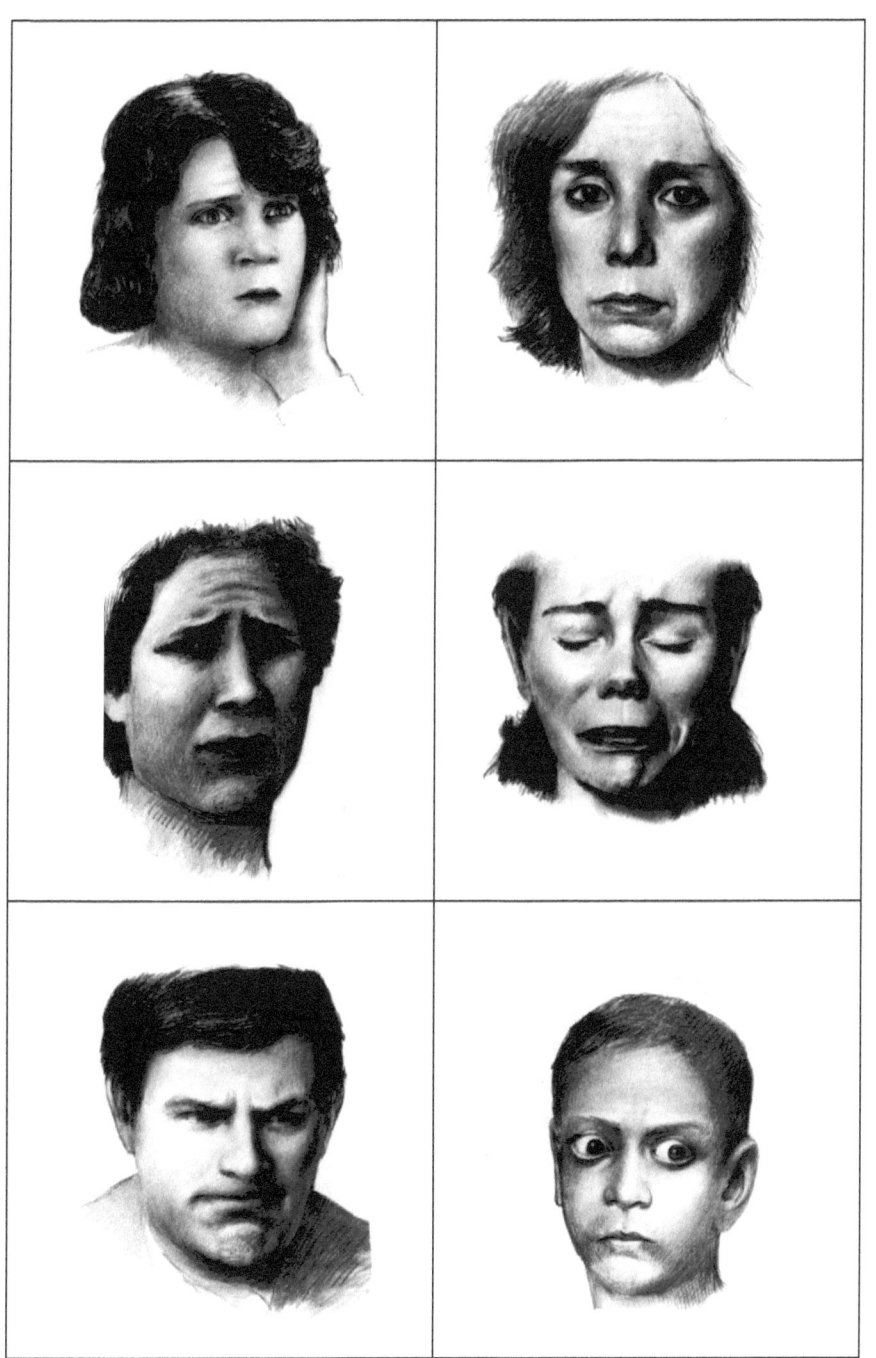

Abb. 21

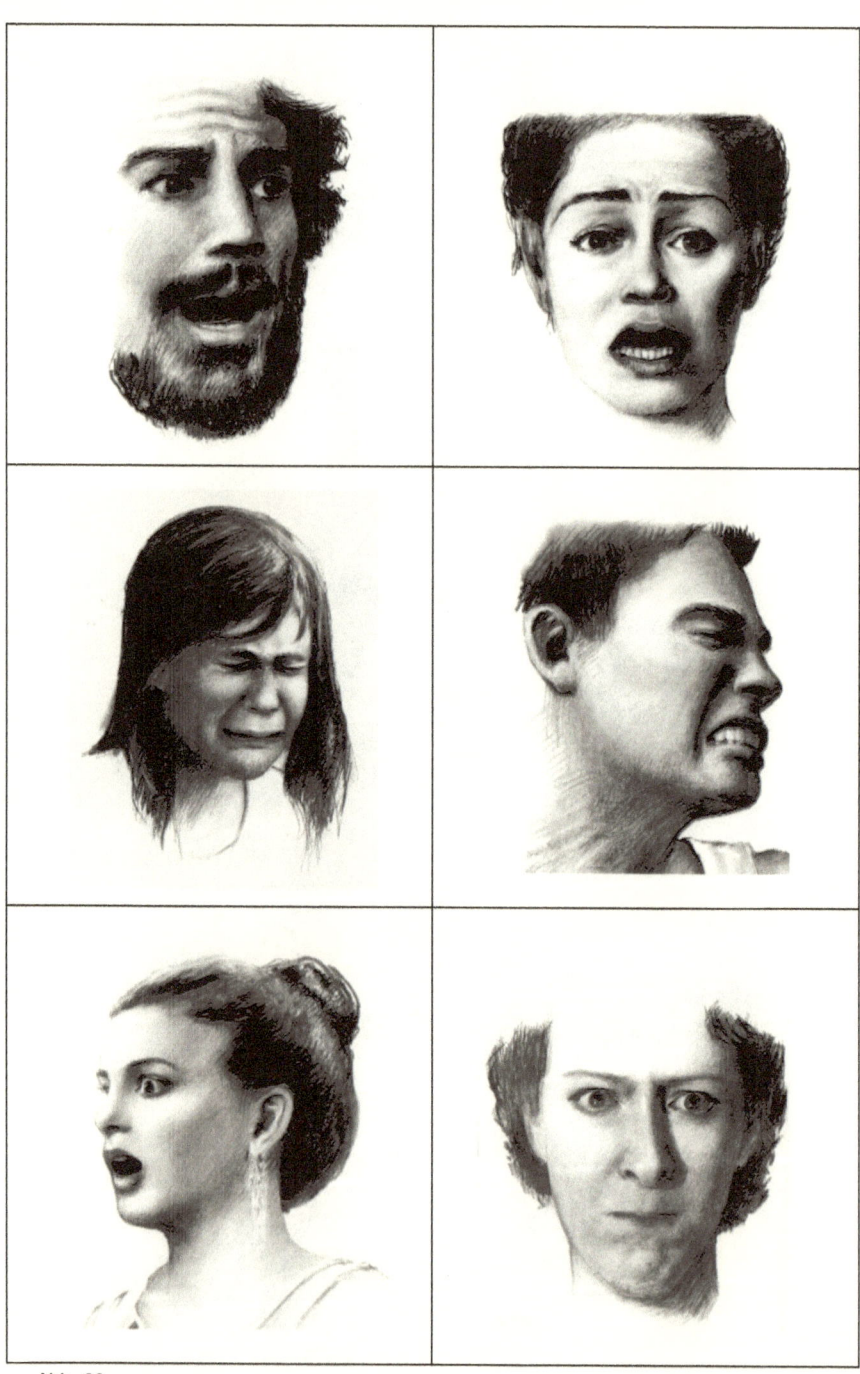

Abb. 22

■ Gefühlsfotos

Altersstufe: ab 3. Klasse
Material: Fotoapparat(e) und Filme, Geld für die Entwicklung, eventuell schwarzen oder weißen Stoff, Laminierfolien

Einführung: *Es wäre schön, wenn wir unsere „Gefühlskartengalerie" noch ein wenig bereichern könnten. Schließlich habt ihr auf unserem Plakat (siehe erste Übung unter 8.2.) auch noch andere Gefühle genannt, die auf diesen Karten noch nicht zu finden sind und zum anderen, sind auf den Karten keine Kinder in eurem Alter zu sehen.*
Deshalb würde ich mit euch gern Fotos von euren Gesichtsausdrücken machen, die bestimmte Gefühle zum Ausdruck bringen sollen. Sicherlich wird es euch und mir bestimmt auch viel Spaß machen, die Gefühle selbst darzustellen und festzuhalten.

Ablauf: Je nach Anzahl der zur Verfügung stehenden Fotoapparate teilen Sie die Klasse in Gruppen ein. Jede Gruppe baut sich ihr Fotolabor auf. Dazu brauchen sie eine freie Fläche an der Wand (günstig wäre es auch, eine Fläche mit Stoff abzuhängen, um einen neutralen Hintergrund zu haben.) und eine Sitzmöglichkeit davor. Ideal wären auch Stative, damit die Kinder die Kamera in Ruhe ausrichten können und die Bilder nicht verwackeln. Sind diese nicht vorhanden, gibt es natürlich auch andere Möglichkeiten (z.B. Kamera auf einen Stuhl stellen, der wiederum auf einem Tisch steht).Gerade für solche Portraitaufnahmen ist es günstig, ohne Blitz zu fotografieren. Daher sollten Sie für ausreichend Beleuchtung sorgen, was in den meisten Klassenräumen aber eigentlich kein Problem darstellt.
Bitten Sie nun die Schüler, sich in der Gruppe darauf zu einigen, welche Gefühle dargestellt werden sollen, wer das macht und wer fotografiert! Ebenso sollte darüber verhandelt werden, wer den Film zum Fotolabor bringt und die Bilder wieder abholt.
Wenn das jeweilige Modell die vereinbarte Mimik zeigt, sollten die anderen Schüler zunächst beurteilen, ob das wirklich der gewünschte Ausdruck ist, bevor fotografiert wird.
Wenn die Fotos abgeholt worden sind, werden diese in der jeweiligen Gruppe nach gelungen und weniger gelungen sortiert. Die Guten werden dann auf Papier in der gewünschten und vorher vereinbarten Größe aufgezogen und laminiert.
Sind die Karten fertig, werden sie von den jeweiligen Gruppenmitgliedern gezeigt. Die anderen Schüler müssen die dargestellten Gefühle erraten und erklären, woran sie das erkannt haben.

Anschlussgespräch:
*Wie habt ihr in der Gruppe gearbeitet und wie entschieden?
War es einfach oder schwierig, die Gefühle über den Gesichtsausdruck zu zeigen? Was hat euch dabei geholfen?
Habt ihr auch Gefühle ausgewählt, die nicht so eindeutig darzustellen oder abzulesen waren?*

Natürlich sollten auch die neuen Gefühlskarten im Folgenden in den Spielen verwendet werden. Weitere Möglichkeiten für Spiele, die ich nicht weiter beschreiben werde sind z.B.:

- ähnliche Gefühle suchen
- Gefühlskarten-Domino
- Gefühlskarten-Memory
- Ordnen in verschiedene Gruppen (z.B. mehr oder weniger angenehm und unangenehm)
- Stoptanz
- Gefühlskarten zu verschiedenen abstrakten Bildern der Modernen Kunst zuordnen

■ Gefühlsauslösende Situationen

Altersstufe: ab 2. Klasse
Material: Gefühlskarten oder –fotos aus den letzten Übungen, Papier (jüngere Kinder mindestens A3), Filzstifte, Kreiden oder Farben

Einführung: *Habt ihr schon einmal darüber nachgedacht, wie Gefühle eigentlich entstehen? Wodurch werden Sie ausgelöst?*
Lassen Sie die Kinder einiges zusammentragen! Eventuell können Sie auch auf vorherige Übungen, in denen Situationen beschrieben wurden, Bezug nehmen.

Ablauf: Die Kinder sitzen bei der Einführung im Stuhlkreis. Legen Sie sämtliche Gefühlskarten in der Mitte aus und lassen Sie nach der einführenden Reflexion jedes Kind eine Karte auswählen. Bitten Sie nun die Kinder mit ruhiger Stimme, sich zu entspannen, tief einzuatmen und langsam wieder auszuatmen (3x). Dabei sollen sie darauf achten, wie ihr Atem beim Einatmen bis zu ihren Zehenspitzen fließt und beim Ausatmen, wie alle Anspannung mit dem Atem herausgelassen wird. Dann bitten Sie sie die Augen zu schließen und sich diese Person mit ihrem jeweiligen Gefühl vorzustellen: *„Stellt dir vor, du triffst diese Person, die*

auf deiner Karte ist. Du betrachtest sie genau, weil du das Gefühl hast, sie schon irgendwoher zu kennen. Jetzt siehst du auch ihr Gesicht. Du gehst näher zu dieser Person hin und fragst sie wie es ihr geht. (Kurze Pause) Sie ist ungeheuer froh, dich zu treffen und erzählt dir alles, was ihr passiert ist. (Längere Pause) Verabschiede dich nun von ihr und komme wieder in unseren Klassenraum zurück."
Bitten Sie die Schüler, das was diese Person ihnen erzählt hat, zu malen.
Dazu gehen die Kinder wieder zu ihren Tischen und beginnen mit ihrem Bild (nach Möglichkeit sollten die Malutensilien dann schon bereit liegen.).

Anschlussgespräch: Im Anschluss daran werden die fertigen Bilder aufgehängt. Die Kinder, die gern möchten, können zunächst den anderen ihre Person vorstellen und daraufhin ihr Bild beschreiben.
Was hat diese Person gemacht?
Was ist passiert?
Wie fühlt sie sich nun?
Was könnte sie tun (falls es ihr nicht gut geht)?
Wer oder was könnte ihr helfen?
Was hat sie dann weiter vor (wenn es ihr gut geht)?

■ Schattenspiel (Gefühle an der Körperhaltung erkennen)

Altersstufe: ab 2. Klasse
Material: großes weißes Tuch (und Befestigungsmöglichkeiten), helle variabel stellbare Lichtquelle (z.B. Stehlampe, Dia-Projektor, Overhead-Projektor, o.ä.), kleine Kärtchen mit Gefühlen (Abb.23)

Einführung: *Wir haben jetzt schon mehrmals geübt, Gefühle am Gesichtsausdruck abzulesen. Aber natürlich kann man Gefühle auch noch an anderen Dingen erkennen, z.B. an der Körperhaltung. Dazu wollen wir heute ein Schattenspiel durchführen.*

Ablauf: Zunächst muss für das „Schattentheater" ein großes helles Tuch (z.B. Bettlaken) so im Raum aufgehängt werden, dass dahinter noch genügend Platz für die Lichtquelle und zwischen Lichtquelle und Tuch etwas Platz für den Schauspieler bleibt. Das Licht sollte etwa auf Brusthöhe der Kinder zum Tuch hin ausgerichtet sein. Vor dem Tuch werden die Zuschauer sitzen.

wütend	traurig	ängstlich	eifersüchtig
stolz	Sorge	Hoffnung	Schmerz
ärgerlich	glücklich	fröhlich	langweilig
verliebt	aufgeregt	einsam	verlassen
enttäuscht	stark	schwach	ruhig
gestresst	unsicher	erschreckt	Ekel
nervös	misstrauisch	Freude	zufrieden

Abb. 23 Gefühlskarten zu „Schattenspiel"

Anfangs werden die gesammelten Gefühle auf dem Plakat (erste Übung unter 8.2.) auf kleine Kärtchen übertragen. Sie können alternativ dazu auch die Karten von Abbildung 23 kopieren und ausschneiden. Dabei sollten sie allerdings nur Gefühle auswählen, die die jeweilige Altersstufe begreifen kann. Bei jüngeren Kindern könnten Sie sich auch auf nur wenige Grundgefühle beschränken (z.B. Trauer, Wut, Angst, Glück, Freude). Diese können dann durchaus in mehrfacher Ausführung vorliegen.
Die Karten mit den Gefühlen werden gemischt und der Schüler, der etwas vorführen möchte, zieht sich eine Karte, ohne dass die anderen sie sehen können. Dann führt er dieses Gefühl mit Konzentration auf die Körperhaltung hinter der Leinwand vor. Die anderen Kinder raten, um welches Gefühl es sich handeln könnte. Wer richtig geraten hat, kann als nächster eine Karte ziehen. Wenn die Kinder nicht auf das richtige Ge-

fühl kommen, kann das darstellende Kind auch vor die Leinwand kommen.
In jedem Fall sollte aber vorher vereinbart werden, ob mit oder ohne Worte gespielt wird.

Variationen:
- Die Kinder führen Gefühle vor, die sie vor kurzem selbst erlebt haben.
- Die Kinder führen Konflikte vor und die anderen raten, wer sich dabei wie
- gefühlt hat.
- Zwei Kinder führen gegensätzliche Gefühle vor.

Anschlussgespräch:
Wie hat euch diese Übung gefallen?
War es schwierig, die Körperhaltung zu deuten?
Bei welchen Gefühlen ist die Körperhaltung nicht eindeutig?

▪ Gefühle an der Stimme erkennen

Altersstufe: ab 3. Klasse
Material: Gefühlskarten (Abb.23), Karten mit Aussagen (Abb.24)

Einführung: *Auch an der Stimme kann man manchmal erkennen, wie sich jemand fühlt. Was meint ihr, wie spricht jemand, der wütend ist?*
Wir wollen heute einmal ausprobieren, ob wir das auch bei anderen Gefühlen erkennen können.

Ablauf: Lassen sie die Kinder sich in einem Kreis aufstellen, wobei die Gesichter nach außen zeigen. Ein Kind geht in die Mitte und zieht aus einem Gefäß ein Gefühl (wählen Sie auch hier Gefühle aus, die die Kinder gut kennen) und aus einem anderen einen Satz. Diesen Satz soll es nun mit einer Stimme sagen, die dem gezogenen Gefühl entspricht. Die anderen versuchen, das Gefühl zu erraten. Wer denkt, er weiß es, sagt „Bist du darüber ..(vermutetes Gefühl)?" Der Vorleser antwortet darauf. Wenn er mit „ja" antwortet, darf dieser als nächstes in den Kreis gehen. Manchmal werden aufgrund von Unvereinbarkeiten der Sätze mit den Gefühlen sicher auch lustige Situationen entstehen. Aber das Ganze soll ja auch Spaß machen!

Anschlussgespräch:
Wie hat euch die Übung gefallen?
Ist es euch schwer gefallen, das Gefühl zu erkennen?

Ich habe Felix getroffen.	Anna hat mich angerufen.	Wir haben die Arbeit zurückbekommen.	Ich habe meine Hausaufgaben noch nicht fertig.
Wir haben gleich Sport.	Hauen ist doof!	Gestern wollte Frau Maier mit mir reden.	Meine Eltern haben mich rausgeschickt.
Mathe fällt heute aus.	Meine Eltern haben mich heute zur Schule gebracht.	Ich darf heute ins Kino gehen.	Ich muss noch aufräumen.
Tom kommt heute zu mir.	Meine Lehrerin will mich sprechen.	In der Pause wollen wir Verstecken spielen.	Ich habe eine Zwei bekommen.
Ich kann heute nicht kommen.	Anna ist mit ihrem Stuhl umgekippt.	Wir gehen morgen ins Theater.	Morgen ist frei.
Dein Vater ist da.	Olli kommt.	Die Pause ist zu Ende.	Wir können losgehen.
Es ist schon spät.	Ich bin fertig damit.	Maria kann dir helfen.	Das kenne ich nicht.

Abb. 24 Aussagen zu „Gefühle an der Stimme erkennen"

■ Aus dem Verhalten (Mimik, Körperhaltung, Sprache, Handlung) auf Gefühle schließen

Altersstufe: ab 4. Klasse
Material: für jeden Schüler ein Arbeitsblatt (Abb.25), Rollenspielsituationen (Abb.26)

Einführung: *Gefühle können zwar nicht immer eindeutig zum Ausdruck gebracht werden, ganz abgesehen von solchen Momenten, in denen wir sie am liebsten sogar verstecken würden, aber dennoch kann man versuchen, sie zu deuten. Bis jetzt haben wir ja schon versucht, Gefühle am Gesicht, an der Körperhaltung oder an der Stimme zu erkennen.*
Noch besser werden wir aber den anderen verstehen, wenn wir auf das ganze Verhalten achten. Das werden wir heute üben.

Ablauf: Verteilen Sie die Arbeitsblätter und wählen Sie einige Freiwillige für das Rollenspiel aus! Diese sollten sich zunächst darauf einigen, wer welche Rolle übernimmt. Person A wird jeweils beginnen.
Die anderen Schüler bekommen die Aufgabe, sich während des Rollenspiels Notizen für eine Person auf ihrem Arbeitsblatt zu machen. Dabei geht es darum, das Gefühl, das diese Person wahrscheinlich hat, zu benennen und ihr Verhalten (Mimik, Körperhaltung, Sprache und Handlung) zu beschreiben. Bevor es losgeht, legen Sie noch fest, wer Person A und wer Person B beobachten soll.
Diese Übung verlangt viel Konzentration. Führen Sie sie nur durch, wenn Sie meinen, dass die Klasse das bewältigen kann! Eventuell könnten Sie auch die verschiedenen Aspekte getrennt beobachten lassen (eine Gruppe beobachtet die Mimik, die andere die Körperhaltung, usw.)

Anschlussgespräch:
Wie fandet ihr die Übung?
Waren eure Beobachtungen eindeutig oder gab es verschiedene Ansichten?
Wie erkennt ihr die Gefühle eurer Freunde am besten?
Wie können andere eure Gefühle erkennen?

(in Anlehnung an *Petermann* u.a. 1997)

Rollenspiel Person ...	1	2	3
Mimik			
Körperhaltung			
Sprache			
Handlung			
Gefühl			

Abb. 25 Arbeitsblatt „Aus dem Verhalten auf Gefühle schließen"

Rollenspiel 1 Person A	Rollenspiel 1 Person B
Du spielst den Sohn (die Tochter). Heute hast du in der Schule eine Klassenarbeit wiederbekommen, für die du ausnahmsweise mal richtig viel gelernt hattest. Aber den Lehrer hat das überhaupt nicht interessiert. Er meint, du hättest das Thema verfehlt. Enttäuscht gehst du nach Hause, wirfst deine Mappe ab und verschwindest in dein Zimmer. Als deine Mutter (dein Vater) dich bittet ihr (ihm) zu helfen, sagst du nur „Ach lass mich doch in Ruhe!"	Du spielst die Mutter (den Vater). Du willst gerade den Müll rausbringen, wobei du über die Schultasche stolperst, die dein Sohn (deine Tochter) mitten im Flur liegengelassen hat. Dabei reißt der Müllbeutel und der Inhalt verteilt sich in eurem Flur. Du bittest deinen Sohn (deine Tochter), dir beim Saubermachen zu helfen.
Rollenspiel 2 **Person A**	**Rollenspiel 2** **Person B**
Dein Freund (deine Freundin) hat dein Geheimnis, das du ihm vertrauensvoll erzählt hast und keiner weiter wissen sollte, in der ganzen Klasse herausposaunt. Darüber bist du sehr enttäuscht. Das hättest du nicht von ihm (ihr) gedacht. Das sagst du ihm (ihr) auch.	Dein Freund (deine Freundin) sagt dir, wie enttäuscht er (sie) darüber ist, das du sein (ihr) Geheimnis verraten hast. Eigentlich weißt du auch, dass er (sie) Recht hat. Du hättest das nicht tun dürfen. Er (sie) ist doch dein bester Freund (deine beste Freundin).
Rollenspiel 3 **Person A**	**Rollenspiel 3** **Person B**
Du hast von anderen erfahren, dass dein bester Freund (deine beste Freundin) schon die Einladungen für seinen (ihren) Geburtstag verteilt hat. Nur du hast keine Einladung bekommen. Das findest du ziemlich gemein und sagst ihm (ihr) das.	Du bereitest gerade deine Geburtstagsparty vor. Ein paar Einladungskarten hast du schon verteilt. Für deinen besten Freund (deine beste Freundin) wolltest du dir aber etwas ganz besonderes einfallen lassen. Weil es ein Piratenfest werden soll, wolltest du, dass er (sie) an eurem Lieblingssee „zufällig" eine richtige Flaschenpost findet, in der er (sie) zur Party eingeladen wird. Damit das klappt, hattest du für heute Nachmittag schon alles organisiert. Doch jetzt kommt es anders ...

Abb. 26   Rollenspielsituationen „Aus dem Verhalten auf Gefühle schließen"

■ kreatives Schreiben „Geschichten mit Gefühl"

Altersstufe: ab 2. Klasse
Material: Papier, Stifte zum Schreiben, Zeichnen, Malen

Einführung: *Dieses Mal soll jeder einmal versuchen, sich eine kurze Geschichte auszudenken und diese aufzuschreiben. Bevor ihr damit beginnt, wollen wir aber zunächst überlegen, was eine gute Geschichte so interessant macht. Denkt mal an die Geschichten, die euch ganz besonders gut gefallen haben. Was war daran so interessant und wie habt ihr euch gefühlt, als ihr sie gelesen habt oder sie euch vorgelesen wurde?*
(Lassen Sie die Kinder zusammentragen, was ihnen wichtig erscheint! Lenken Sie mit Fragen die Aufmerksamkeit aber auch immer wieder auf die Gefühlsebene, sowohl auf die wechselnden Gefühle des Helden als auch auf die des Lesers!)

Ablauf: Geben Sie den Kindern folgende Vorgaben:
Sie sollen einen Helden oder eine Heldin für ihre Geschichte erfinden. Das könnte ein Kind, ein Mann, eine Frau oder auch ein Tier sein. Dieser Held oder diese Heldin ist zum Beginn der Geschichte guter Dinge und sehr neugierig. Bald passiert aber etwas, was ihn sehr wütend werden lässt und dann etwas, was ihm Angst macht. Zum Schluss soll sich wieder alles zum Guten wenden und der Held oder die Heldin wird glücklich sein.
Schreiben Sie die verschiedenen Gefühle in dieser Reihenfolge zur Unterstützung an die Tafel und sammeln Sie gegebenenfalls Beispielsituationen!
Je nach Alter oder Fähigkeiten können die Kinder die Geschichte auch in Form von Bildern malen und diese dann erzählen.

Variation: Sie geben den Anfang einer Geschichte vor. Jedes Kind hatte zuvor eine Gefühlskarte (Wort) gezogen und schreibt die Geschichte nun weiter, wobei etwas passiert, was bei dem Helden das gezogene Gefühl auslösen lässt. Eventuell kann aus den verschiedenen Teilen eine neue gemeinsame Geschichte zusammengestellt werden.

Anschlussgespräch: Natürlich sollten alle Geschichten vorgelesen werden, einen Applaus bekommen und möglichst ausgehängt werden.
Lassen Sie die Kinder ihre Geschichten selbst bewerten! Dann können die anderen Kinder ihre Meinung dazu äußern und zuletzt sollten auch Sie die Werke würdigen. Beachten Sie aber, dass „nur" das Kriterium vorgegeben war, den Helden die Gefühle erleben zu lassen und geeignete Situationen zu finden, die dieses Gefühle auslösen können. Bewer-

ten Sie nicht Ausdruck und Rechtschreibung, denn darauf kommt es beim kreativen Schreiben nicht an! In diesem Sinne negative Bewertungen zu vergeben, würde die Kreativität bei den nächsten Malen sehr wahrscheinlich stark hemmen.

■ Gesichtsbemalung, die Gefühle zum Ausdruck bringt

Altersstufe: ab 2. Klasse
Material: Finger-, Schmink- und/ oder Wasserfarben, Pinsel, Möglichkeiten zum Abschminken

Einführung: *Viele Künstler versuchen in ihren Kunstwerken Gefühle auszudrücken, indem sie bestimmte Farben verwenden. Auch ihr würdet sicherlich manchen Gefühlen bestimmte Farben eher zuordnen als anderen Gefühlen. Versuchen wir das doch:*
Welche Farbe würdet ihr der Wut (der Angst, der Hoffnung, der Zufriedenheit, der Ruhe, dem Glücklichsein, der Trauer, usw.)geben? (Schreiben Sie an der Tafel die jeweils mehrheitlich genannte Farbe neben das Gefühl!)
Heute wollen wir einmal unsere Gesichter so mit Farben bemalen, dass dadurch verschiedene Gefühle dargestellt werden. Dabei müsst ihr euch nicht nur auf eine Farbe beschränken. Auch die Zusammenstellung verschiedener Farben kann sehr wirkungsvoll sein (z.B. Rot, Schwarz und ein wenig Gelb für Zorn oder viele bunte Farben für Freude). Ebenso kann man durch die Linienform bestimmte Gefühle zum Ausdruck bringen (z.B. zerlaufene senkrechte Linien für Trauer oder zackige Linien für Wut, o.ä.).

Ablauf: Die Schüler sollen sich paarweise zusammenfinden. Die Paare sollten sich daraufhin einigen, wer auf seinem Gesicht welches Gefühl gemalt bekommen möchte und wie der andere dieses darstellen könnte. Eventuell können auch Skizzen angefertigt werden, in denen jeder seine Wünsche zum Ausdruck bringen kann. Sind sich die beiden darüber einig, können sie mit der Gesichtsbemalung beginnen.
Achten Sie allerdings darauf, dass möglichst viele verschiedene Gefühle dargestellt werden. Andererseits sollte aber auch keiner dazu gezwungen werden, sich ein Gefühl aufmalen zu lassen, was er nicht möchte.
Sind die Kinder fertig, sollte noch soviel Zeit sein, dass kleinere Rollenspiele vorgeführt werden können (z.B. „Herr Lustig und Frau Eingeschnappt begegnen sich") oder die Gefühle erraten werden müssen.
Machen Sie auf jeden Fall Fotos oder lassen Sie die Schüler fotografieren und stellen Sie diese aus!

Anschlussgespräch:
Wie hat euch die Übung gefallen?
Konnte man bestimmte Gefühle erkennen? (wann und warum?)
Auch die Werbung benutzt bestimmte Farben und Formen, um in uns Gefühle auszulösen? Fällt euch dazu etwas Bestimmtes ein?
Gibt es bestimmte Farben, bei denen ihr euch leicht beruhigen könnt oder bei denen ihr euch wohl fühlt? (Eventuell könnte eine solche Erkenntnis als Anregung für die Ausgestaltung einer Kuschelecke o.ä. aufgegriffen werden.)

■ Mein „Wohlfühlort"

Altersstufe: ab 1. Klasse
Material: Fantasiegeschichte (Abb.27)

Einführung: *Wir werden heute in unseren Gedanken eine kleine Reise unternehmen. Diese Reise wird uns zu einem Ort führen, an dem wir uns rundum wohlfühlen können.*

Ablauf: Schaffen Sie im Raum eine angenehme Atmosphäre, indem sie die Fenster etwas verdunkeln und ein kleines warmes Licht (Kerze, Tischlampe, o.ä.) brennen lassen. Die Kinder können sich, falls vorhanden, auf Decken legen oder sich bequem auf ihren Stuhl setzen und Arme und Kopf auf den Tisch legen. Lassen Sie anfangs eventuell eine ruhige Musik (Klassik, Meditations- oder elektronische Musik) laufen, damit die Kinder ein wenig Zeit haben, zur Ruhe zu kommen.
Bitten Sie nun die Kinder mit ruhiger Stimme, sich zu entspannen, tief einzuatmen und langsam wieder auszuatmen (3x). Dabei sollen sie darauf achten, wie ihr Atem beim Einatmen bis zu ihren Zehenspitzen fließt und beim Ausatmen, wie alle Anspannung mit dem Atem herausgelassen wird. Dann bitten Sie sie die Augen zu schließen und beginnen mit der folgenden Geschichte von Abbildung 27:

Anschlussgespräch:
Beschreibe (oder male) uns deinen „Wohlfühlort"!
Wie sieht es dort aus? Wer war noch dort?
Gibt es den Ort wirklich oder in deiner Fantasie?
Wann würdest du wieder hingehen wollen?
Im Anschluss könnte dieser Ort auch nachgestaltet werden (z.B. in einem Karton).

(in Anlehnung an *Domahs & Nitschke* 1998)

Stell dir vor, dass du durch die Tür aus der Klasse hinausgehst, du läufst durch das Schulhaus, durch die große Eingangstür und hinaus auf die Straße. Draußen ist es wunderbar warm, die Sonne blinzelt dir ins Gesicht und der Himmel ist klar. Du bist ganz allein, spürst die Ruhe in dir und läufst einfach los ohne recht zu wissen, wohin der Weg dich führen wird.
Irgendwie sieht hier alles ganz anders aus als sonst und nach einer Weile merkst du, dass du diesen Weg noch nie gegangen bist, obwohl er doch gar nicht weit weg ist. Seltsam..., aber du gehst weiter, weil es ein wunderschöner Weg ist. Er führt durch große Laubbäume hindurch, an einem kleinen Bach entlang und an einem Blumenfeld vorbei. Die Vögel zwitschern, das Wasser plätschert und die Sonne wärmt dir das Gesicht. Weiter vorn siehst du einen Zaun. Du gehst dorthin und schaust hinüber. Du siehst einen wunderschönen Platz und gehst durch die Pforte hindurch. Hier möchtest du dich hinsetzen und eine Weile bleiben. Irgendwie hast du das Gefühl, schon öfter hier gewesen zu sein und je mehr du darüber nachdenkst, desto mehr fällt dir wieder ein. An diesem Ort warst du immer glücklich. Egal, ob du vorher ängstlich warst, wütend oder traurig, hier hast du dich immer wieder wohlgefühlt.
Bleib dort noch eine Zeitlang sitzen und betrachte alles ganz genau! Wie sieht dieser Platz aus? Was ist das Besondere an ihm? Gibt es dort vielleicht auch eine Person, die dir hilft?

(längere Pause)

Jetzt geht es dir wieder so richtig gut und du bist glücklich, dass du dich an diesen Ort wieder erinnern konntest. Jetzt wird es Zeit wieder zurückzugehen, aber du weißt, dass du jeder Zeit wieder kommen kannst. Gehe nun durch die Pforte, an dem Blumenfeld vorbei und am Bach entlang durch die hohen Bäume. Schon siehst du wieder die Schule und kommst zurück in unseren Raum.
Spüre deine Arme und Beine und bewege sie! Rolle nun auch den Kopf hin und her, rekel und strecke dich und öffne, wenn du wieder ganz hier bist, deine Augen!

Abb. 27 Fantasiegeschichte zu „mein ‚Wohlfühlort' "

■ Vom Umgang mit der Wut I

Altersstufe: ab 3. Klasse
Material: Arbeitsblatt (Abb.28)

Einführung: *Wut ist ein Gefühl, das jeder kennt. Auch die Wut gehört, wie alle anderen Gefühle, zum menschlichen Leben. Allerdings kann sie sich immer mehr steigern, bis wir die Kontrolle über uns verlieren und Sachen tun oder sagen, die andere verletzen. Darin liegt die große Gefahr. Das Gefühl, wütend zu sein, ist nicht schlecht, sondern normal, aber das, was wir dann tun oder sagen kann sehr verletzend und damit wirklich schlecht sein.*
Wenn jemand in seiner Wut anfängt, den anderen zu beschimpfen oder zu hauen, liegt es meistens daran, dass er einfach nicht mehr weiß, was er anderes tun könnte. Er ist hilflos. Aber solche Reaktionen verschlimmern alles nur noch.
Ich würde gern mit euch darüber sprechen, was ihr in solchen Situationen gefühlt habt und was ihr getan habt. Sicherlich kann jeder etwas dazu sagen.

Später werden wir dann auch gemeinsam überlegen, was wir vielleicht anders machen könnten.

Ablauf: Beschreiben Sie nach der Einführung selbst eine Situation, in der Sie sehr wütend waren und wählen Sie ruhig eine aus, in der Sie nicht vorbildlich gehandelt haben, sondern sich von ihren Gefühlen beherrschen ließen. Gehen Sie dabei vor allem auch auf die verletzten Gefühle Ihres Gegenübers und die daraus resultierenden negativen Konsequenzen ein!

Lassen Sie die Schüler sich in Viererclass="tsd-kind-class"gruppen zusammenfinden, in denen sie nacheinander ihre Erlebnisse schildern sollen. Dabei sucht der, der spricht, sich einen anderen Schüler seiner Gruppe aus, der die Ergebnisse im folgenden Arbeitsblatt (Abb. 28) festhält.
In jeder Gruppe soll im Anschluss daran eine der beschriebenen Situationen ausgewählt und vor der Klasse in Form eines Rollenspiels vorgespielt werden. Sprechen Sie am Ende mit den Schülern über die Situation, die Handlungen und Gefühle der Beteiligten sowie über die Folgen!
Bei einem zweiten Vorspiel der selben Situation wird das Spiel, kurz bevor aggressives Verhalten gezeigt wird, unterbrochen. Bei diesem kurzen Stop fragen Sie die Schüler, wie der jeweilige Spieler besser reagieren könnte oder was ihm helfen könnte. Wem etwas einfällt, der kann in das Rollenspiel mit einsteigen, bzw. eine der vorhandenen Rollen übernehmen. Machen Sie in jeder Situation ein solches Stop, in der keine

Verbesserung der Situation mehr abzusehen ist. Wenn die Kinder ihre Wut zum Ausdruck bringen konnten, ohne den anderen zu verletzen, ist das Spiel beendet. Dann sollte aber in jedem Fall noch einmal zusammengefasst werden, was dabei hilfreich war. Bedenken Sie während des Spiels, dass es hier nicht unbedingt darum geht, eine Lösung für eventuelle Konflikte zu suchen, sondern darum, Möglichkeiten zu finden, die einem helfen, Wut auf unverletzende Art und Weise auszudrücken.

Es werden bei dieser Gelegenheit wahrscheinlich nur ein oder zwei Gruppen ihre Situation vorspielen können. Die Zettel sollen aber aufgehoben und die Rollenspiele in der nächsten Übung noch angewendet werden.

Anschlussgespräch:
Wie hat euch die Übung gefallen?
Könnte man einige Hilfen, die ihr gefunden habt auch im Alltag anwenden?

Was hat zu Deiner Wut geführt?	
Was hast Du Dir gewünscht?	
Was hast Du getan?	
Was hat der andere getan?	
Welches Ergebnis hast Du erreicht?	

Abb. 28 Arbeitsblatt „Vom Umgang mit der Wut I"

■ Vom Umgang mit der Wut II

Altersstufe: ab 3. Klasse
Material: Wutsituationen und Arbeitsblätter der Übung „Vom Umgang mit der Wut I ", ausgeschnittene Kärtchen mit deeskalierenden Sätzen und leere Kärtchen (Abb.29)

Einführung: *Das letzte Mal haben wir darüber gesprochen, wohin Wut führen kann, welche schwierigen Situationen sich daraus ergeben, aber auch, was einem vielleicht helfen könnte, seine Wut so auszudrücken, dass man damit niemanden verletzt.* (Lassen Sie die Erkenntnisse noch einmal zusammentragen!)
Heute wollen wir noch mehr solcher Möglichkeiten erarbeiten.

Ablauf: Bitten Sie die nächste Gruppe, ihre Situation aus der letzten Übung vorzuspielen. Einmal vollständig, so wie sie erlebt wurde und ein zweites Mal mit Unterbrechungen für eine Lösungssuche und das Ausprobieren, bzw. Durchspielen der neuen Varianten. Vor dem zweiten Vorspiel verteilen Sie an alle Zuschauer die folgenden Kärtchen, auf denen deeskalierende Sätze stehen.
Bei einem Stop des Rollenspiels wird nun gefragt, wer ein Wort oder einen Satz hat, der an dieser Stelle weiterhelfen könnte. Das entsprechende Kind wechselt mit der jeweiligen Person oder übernimmt die Rolle eines Dritten und versucht mit Hilfe seiner Aussage, die Situation zu entschärfen. Auch hier werden keine Lösungen für den Konflikt gesucht, sondern Möglichkeiten, seine Wut auszudrücken.
Gibt es mehrere verschiedene Vorschläge, kann die Situation auch mehrmals durchgespielt werden.

Führen Sie nach diesem ersten Durchgang ein Brainstorming durch, wobei die Kinder verschiedene andere Hilfen und Möglichkeiten nennen und für alle sichtbar festhalten sollen (z.B. **für den der wütend ist**: drei Mal tief Luft holen und wieder ausatmen; kurz weggehen und sich beruhigen; in Gedanken bis Zehn zählen; kurz darüber nachdenken, was man sich eigentlich wünscht und das dann ruhig sagen; jemanden um Vermittlung bitten.
für Außenstehende: den, der wütend ist beruhigen; die Streitenden trennen; demjenigen zuhören; ...). Auch diese Möglichkeiten werden auf Kärtchen geschrieben und unter den Schülern verteilt.

Dann folgen noch weitere Rollenspiele in der beschriebenen Art und Weise und unter Anwendung der erarbeiteten Möglichkeiten.

Anschlussgespräch:
Habt ihr schon Situationen erlebt, in der euch etwas geholfen hat, mit eurer Wut besser umzugehen?
Bitten Sie die Kinder, sich die Möglichkeiten zu notieren, die sie in den beiden Übungen selbst am hilfreichsten fanden und die sie sich merken wollen!
Werdet ihr diese selbst auch anwenden, wenn ihr wütend seid?

Bleib ruhig!	Komm, dafür finden wir schon eine Lösung!	Lass uns doch nicht streiten!	Stop mal, wir können uns doch auch anders einigen!
Rege dich doch nicht wegen sowas auf!	Ich bin wirklich wütend darüber. Hast du vielleicht ein Idee, wie wir uns einigen können?	Lass ihn (sie) doch! Er wird sich schon wieder einkriegen!	Ruhig Blut!
Kann ich euch helfen?	Hey, du weißt doch besser, was du kannst!	Wenn ihr euch zusammen tut, werdet ihr das doch schaffen!	Nun benehmt euch doch nicht wie zwei Hornochsen!
Können wir nachher weiterreden?	Ich bin so sauer!!! Warum hast du das gemacht? Ich verstehe das nicht.	Ich bin gleich wieder da!	...., komm mal kurz mit! Ihr könnt ja gleich weiterreden!
Atme erst einmal tief durch!	Lass gut sein. Er (sie) will dich doch nur ärgern!	Bleib cool! Dann wirst du eine Lösung finden.	Du hast ja Recht. Aber das Gebrüll bringt uns doch nicht weiter!

Abb. 29 Karten mit deeskalierenden Sätzen und Leerkarten

■ Wenn wir glücklich sind

Altersstufe: ab 1. Klasse
Material: Farben, Papier, Pinsel, Unterlagen, Becher

Einführung: *Wie fühlt es sich an, wenn du einmal so richtig glücklich bist? Wer kann das einmal beschreiben?* (Lassen Sie die Kinder berichten und greifen Sie die Antworten auf!)
Glücklichsein ist ein wunderbares Gefühl. Nur leider dauert es meist nicht sehr lange an. Man erlebt das, wenn man z.B. auf etwas schon lange gewartet hat, etwas erhofft hat oder wenn man sich besonders angestrengt hat, um etwas zu erreichen. Kennt ihr solche Momente? Erzählt uns einmal davon!

Ablauf: Führen Sie nach der Einführung wieder eine kurze Stilleübung durch. Nachdem sich alle bequem hingesetzt haben, bitten Sie die Kinder mit ruhiger Stimme, sich zu entspannen, tief einzuatmen und langsam wieder auszuatmen (3x). Dabei sollen sie darauf achten, wie ihr Atem beim Einatmen bis zu ihren Zehenspitzen fließt und beim Ausatmen, wie alle Anspannung mit dem Atem herausgelassen wird. Dann bitten Sie sie die Augen zu schließen und sich eine Situation vorzustellen, in der sie so richtig glücklich waren. Lassen Sie ihnen ein paar Minuten Zeit, um sich diesen Moment in Gedanken auszumalen! Die Kinder sollen dann langsam wieder zurückkommen, ihren Körper wahrnehmen, sich strecken und die Augen öffnen. Sie können danach gleich mit dem Malen beginnen. Dabei soll entweder die Situation, die sie sich vorgestellt haben dargestellt werden oder das Gefühl mit Hilfe von verschiedenen Farben und Formen zum Ausdruck gebracht werden. Weisen Sie die Kinder darauf hin, dass es nicht wichtig ist, alles „richtig" zu malen. Das Bild wird gut sein, so wie es ist!

Anschlussgespräch: Zum Abschluss sollten die „glücklichen Bilder" ausgelegt oder aufgehängt und von allen betrachtet werden.
Welche von den dargestellten Situationen würdet ihr selbst gern einmal erleben und warum?
Was fällt euch auf, wenn ihr die Farben betrachtet?
Wo sollten wir die Bilder aufhängen?
Das sind Situationen, die euch glücklich gemacht haben. Wie könnten wir helfen, dass auch andere Menschen glücklich werden?

■ Wenn wir Angst haben

Altersstufe: ab 1. Klasse
Material: Papier, Wachsmalstifte oder Kreiden, Buntpapier

Einführung: *Alle Menschen erleben Momente, in denen sie Angst haben. Das, wovor sie Angst haben, können ganz verschiedene Dinge sein. Man kann vor wirklichen Situationen, Personen oder Tieren Angst haben, aber auch vor Dingen, die es gar nicht gibt, wie z.B. vor Monstern und Gespenstern. Manchmal haben wir auch Angst, dass etwas Schlimmes passieren könnte. Ich bin sicher, dass auch jeder von euch, ob Junge oder Mädchen, solche Situationen und die Angstgefühle kennt. Angst ist nichts Schlechtes. Sie kann uns sogar helfen. Habt ihr vielleicht Ideen, wann und wie sie uns helfen kann?* (Lassen Sie mehrere Situationen zusammentragen, z.B. Angst, auf die höchsten Äste eines Baumes zu klettern: Wir klettern nicht zu weit und fallen nicht runter.; Angst vor einem Tier: Wir fassen es nicht an; Angst vor einer fremden Person: Wir rennen weg oder holen Hilfe.; usw.)
Manchmal haben wir aber auch Angst, obwohl uns diese Angst nicht weiterhilft, z.B. wenn der Arzt uns eine Spritze geben möchte, damit wir wieder gesund werden oder wenn ihr beispielsweise im Urlaub eine Gruppe von Kindern seht, in der ihr gern mitspielen würdet, aber ihr traut euch nicht, sie zu fragen.

Und dann gibt es manchmal auch Momente, in denen wir Angst vor etwas haben, obwohl wir wissen, dass es so etwas gar nicht gibt. Auch da kann uns die Angst daran hindern, uns wohl zu fühlen und kann sehr quälend sein.

Ablauf: Lesen Sie den Kindern die Geschichte „Maxis Mutprobe" (Abb.30) vor und sprechen Sie anschließend über Maxis Angst und seine Möglichkeiten, mit der Angst umzugehen!
Bitten Sie die Kinder im Anschluss daran, sich Situationen in Erinnerung zu rufen, in denen sie Angst vor etwas hatten, obwohl das in Wirklichkeit nicht nötig war. Sie sollen nun das, was ihnen damals Angst eingejagt hatte oder besser gesagt, was sie sich vorgestellt hatten, mit den Kreiden oder Wachsmalstiften zeichnen.
Danach schneiden sie aus dem Buntpapier etwas aus, womit sie das, was ihnen Angst gemacht hatte, einsperren können (z.B. einen Käfig, eine Kiste, ein festes Haus,...). Dieses wird dann über das Bild geklebt.
Ältere Schüler könnten danach beispielsweise auch ein Gedicht (z.B. ein Elfchen) schreiben, wie sie ihre Angst „zähmen" konnten.

Anschlussgespräch: Natürlich werden auch diese Arbeiten nach ihrer Fertigstellung gemeinsam betrachtet. Fragen Sie dabei auch, wer sein Bild näher erklären möchte. Es sollte jedoch keiner dazu gezwungen werden!

Maxis Mutprobe

*Maxi lag in seinem Bett und hatte sich die Decke fest über beide Ohren gezogen. Er hatte Angst, aber gleichzeitig ärgerte er sich auch und zwar über sich selbst. Immer wieder musste er an das Gespräch mit seiner Mutter denken, als sie ihn vor einer Stunde ins Bett gebracht und „Gute Nacht" gesagt hatte. „Wir gehen jetzt also los.", hatte sie gesagt „Du darfst noch ein bisschen lesen, aber dann machst du das Licht aus. Okay?". Maxi hatte tapfer genickt, obwohl er viel lieber gerufen hätte: „Nein, nein geht nicht weg!". Aber es war alles abgesprochen gewesen und nun musste er zu seinem Wort stehen. Er war das erste Mal am Abend alleine in der Wohnung, weil seine Eltern bei Nachbarn eingeladen waren. Sein Vater hatte gemeint, dass er mit seinen neun Jahren für einen Babysitter zu groß war und Maxi hatte stolz zugestimmt. Das war allerdings am Nachmittag gewesen, als es noch draußen ganz hell war und viele verschiedene Geräusche von überall her zu hören waren.
Jetzt war es dunkel und still und die Wohnung wirkte ganz anders als sonst, obwohl im Flur das Licht brannte. Maxis Eltern waren also losgegangen, zu Nachbarn, die nur einen Eingang weiter weg im gleichen Haus wohnten. Sie hatten die Telefonnummer auf einen Zettel geschrie-*

ben und neben das Telefon gelegt und Maxi wusste, dass seine Mutter in zwei Minuten bei ihm sein würde, wenn er dort anriefe. Der Gedanke war sehr verlockend. Er konnte zum Beispiel sagen, dass er ganz plötzlich Bauchweh bekommen hatte und sie würde kommen und ihn trösten. Sie würde ihm eine warme Wärmflasche auf den Bauch legen und sich an sein Bett setzen. Wenn er dann wusste, dass sie im Wohnzimmer war, würde er ganz schnell einschlafen. Ja, das war eine gute Idee. Je länger Maxi darüber nachdachte, desto besser erschien sie ihm, denn er wollte natürlich auch nicht ganz ohne Grund, seine Mutter von einem vergnüglichen Abend wegholen. Wenn er sich konzentrierte, konnte er tatsächlich spüren, dass er richtige Bauchschmerzen hatte.
Maxi schlug die Decke zurück und ging durch den Flur ins Wohnzimmer. Wie unheimlich die Wohnung doch jetzt war. Die Küchentür war einen Spalt weit offen und er glaubte, ein seltsames Atmen hinter dem Garderobenvorhang zu hören. Wäre er doch nur unter der sicheren Bettdecke geblieben! Hätte er doch nur nicht vor dem Einschlafen noch die Monstergeschichte gelesen! Hätte er doch nur nie zugestimmt, alleine in der Wohnung zu bleiben! Jetzt war es zu spät. Jetzt kam es nur darauf an, das Telefon zu erreichen.
Auch im Wohnzimmer brannte Licht und der Zettel mit der Telefonnummer lag groß und weiß auf dem kleinen Telefontischen. Maxi ging erleichtert darauf zu,... als er etwas sah, was ihn vor Schreck wie angewurzelt stehen bleiben ließ. Direkt auf dem Telefon, genau neben dem Hörer saß eine Spinne. Es war keine sehr große Spinne, aber sie war auch nicht gerade klein. Sie hatte einen dicken schwarzen Körper und acht lange Spinnenbeine. Maxi schluckte. Er hatte vor Spinnen nämlich fast noch mehr Angst, als vor allem anderen und nun saß sie ausgerechnet auf dem Telefon. Er konnte nicht telefonieren und ohne groß nachzudenken, rannte er zurück in sein Zimmer, sprang in sein Bett und zog die Decke wieder über den Kopf. Gerettet! Aber was nun? Maxi hätte am liebsten geheult und das hätte ja nun gar nichts geholfen. Er blieb eine Weile unter der Decke liegen und es fiel ihm ein, dass seine Mutter immer zu ihm sagte, dass man in Krisensituationen einen klaren Kopf behalten musste. „Versuche immer ganz ruhig zu bleiben und atme tief ein und aus! Niemals in Panik geraten.". Dies war eindeutig eine Krisensituation.
Maxi hatte Bauchweh und war alleine in der Wohnung, mit einer riesigen Spinne. Er musste jetzt sofort seine Mutter anrufen. Vielleicht war die Spinne ja inzwischen weg. Maxi schlich wieder aus dem Bett, durch den Flur und vorsichtig ins Wohnzimmer. Er hörte keine komischen Geräusche in der Küche und keine hinter dem Garderobenvorhang. Er spähte zum Telefon. Da war das Untier noch. Maxi rannte zurück in den Flur und dachte nach. Dann hatte er eine Idee. Er holte sich einen Besen mit langem Stiel aus der Küche. Damit wollte er die Spinne aus sicherer Ent-

fernung vom Telefon fegen und dann wollte er endlich telefonieren. Er schlich wieder ins Wohnzimmer zurück und näherte sich auf Zehenspitzen dem Telefon, wobei ihm die Frage, ob Spinnen eigentlich hören konnten, kurz durch den Kopf schoss.
Er hielt den Besen weit von sich und bewegte ihn heldenhaft auf die Spinne zu. Diese saß ganz ruhig auf ihrem Platz. Ob sie Maxi sehen konnte? Was würde sie wohl tun, wenn der Besen sie erwischte? Vielleicht würde sie schnell flüchten, sich irgendwo verstecken und irgendwann unvermutet in Maxis Zimmer auftauchen. Dies war kein angenehmer Gedanke. Maxi war klar, dass er die Spinne ein für alle Mal loswerden musste. Aber wie? So sehr er sich auch vor ihr fürchtete, umbringen wollte er sie nicht.
Ohne es zu merken, war er mit dem Besen immer dichter an die Spinne gekommen und sah auf einmal, dass sie sich in Bewegung setzte und in den dichten Haaren des Besens verkroch. Ohne groß nachzudenken rannte Maxi zum Balkon, riss die Tür auf und stellte den Besen nach draußen und machte die Tür wieder zu.
Er war ein Held. Jetzt konnte er endlich telefonieren. Maxi ging zum Telefon und nahm den Hörer. Gerade wollte er die Nummern der Nachbarn eintippen, als er plötzlich innehielt. Warum sollte er seine Mutter eigentlich herrufen? Hier stand er, ohne Angst und ohne Bauchweh. Er war in die Küche gegangen und hatte den Besen geholt, er war am Garderobenvorhang vorbeigelaufen und hatte keine unheimlichen Geräusche dahinter gehört und das Tollste: Er hatte eine Spinne beseitigt und war nicht in Panik geraten. Maxi legte den Hörer wieder auf das Telefon. Er hatte es nicht mehr nötig, ohne Grund seine Mutter anzurufen. Er konnte durchaus einen Abend alleine verbringen.
Jetzt merkte er, wie spät es inzwischen geworden war und dass er im Grunde so müde war, wie noch nie zuvor. Maxi ging gähnend in sein Zimmer zurück. Er legte sich ins Bett, deckte sich ganz normal zu und schlief fast sofort ein.
„Und wie war dein Abend gestern?", fragten die Eltern am anderen Morgen beim Frühstück. „Nicht besonders.", antwortete Maxi lässig und nahm einen großen Schluck Milch. „Ich bin gleich eingeschlafen.". „Und was macht der Besen auf dem Balkon?". „Das ist ein Geheimnis.". Maxis Eltern erfuhren nie, wie der Besen auf den Balkon gekommen war.

(Eine Geschichte von Petra Holdt, veröffentlicht auf der CD „Gute Nacht Geschichten" der Zeitschrift „Familie & Co", produziert von Lenz, A. & Sieg, S. für UNIVERSAL Family Entertainment, Hamburg 2000.)

Abb. 30 Geschichte „Maxis Mutprobe"

(in Anlehnung an *Baum, Bücken & Starz* 1995)

8.3. Baustein 3: Kooperation und gegenseitige Achtung

Im Prinzip verfolgen alle Bausteine dieses Trainings das Ziel, gegenseitige Achtung und kooperative Fähigkeiten zu entwickeln, da das soziale Miteinander die Grundlage für eine konstruktive Konfliktaustragung bildet. Dennoch gibt es einige Spiele und Übungen, die auf diesen Aspekt gezielt eingehen. Sie dienen allerdings lediglich der Anregung. Das gemeinsame Lernen und Leben muss darüber hinaus ein Leitgedanke der gesamten Grundschularbeit sein. Durch gemeinsame Aktionen, Projekte und Unternehmungen, werden die Schüler miteinander vertrauter und soziale Fähigkeiten werden gefördert, was wesentlich zu einem friedlichen Miteinander beiträgt und konstruktive Konfliktlösungen erst möglich macht. Die Schüler sollten also möglichst viele Gelegenheiten erhalten, gemeinsame Vorhaben umzusetzen, seien es schulische oder außerschulische.

Bei der Auseinandersetzung mit unterschiedlichen Auffassungen und Ideen auf ein gemeinsames Ziel hin, kann man sein eigenes Wissen einbringen, was die Persönlichkeit stärkt, aber man kann auch erfahren, welche Stärken die anderen haben und damit wiederum Wertschätzung für andere entwickeln. Die Schüler sollen im Folgenden erkennen, dass sie, wie jeder andere Mensch auch, das Bedürfnis nach Liebe, Geborgenheit und Respekt haben und dass es für ein friedliches Zusammenleben notwendig ist, andere ebenso zu behandeln, wie sie selbst behandelt werden möchten.

Besondere Bedeutung kommt auch dem Erlernen der Hilfefähigkeit zu, was nicht nur heißt, anderen zu helfen, sondern auch, bei Bedarf Hilfe anzunehmen und um Hilfe zu bitten. Um anderen Menschen zu helfen, ist es notwendig, sich in die Situation des anderen einzufühlen. Durch Hilfeerfahrungen wird also auch Empathie entwickelt und gefördert.

■ Trockenski – Fahrt

Altersstufe: ab 1. Klasse
Material: ca. 20 Scheuerlappen oder Teppichreststücken, glatter Fußboden im Flur oder in der Turnhalle

Einführung: *Wenn Menschen zusammenleben oder –arbeiten, müssen sie sich aufeinander einstellen. Man muss sich abstimmen und aufeinander achten. Das ist besonders wichtig, wenn man das gleiche Ziel verfolgt und dieses nur mit der Hilfe des anderen erreichen kann.*

Ablauf: Teilen Sie die Klasse in vier oder sechs Gruppen auf! In jeder Gruppe sollten nicht mehr als fünf und nicht weniger als drei Schüler sein, wobei jeweils zwei Gruppen gleich groß sein sollten. Erklären Sie die Spielregeln!
Zwei Gruppen stellen sich mit etwas Abstand nebeneinander an der Startlinie auf. Die Schüler einer Gruppe stehen jeweils hintereinander in einer Schlange und fassen ihren Vordermann auf die Schultern. Die anderen beiden (oder vier) Gruppen stehen schon dahinter und warten. Jedes Kind der beiden „Startgruppen" legt unter jeden seiner Füße einen Scheuerlappen. Auf Ihr Startsignal versuchen nun beide Gruppen mit den Lappen unter den Füßen und ohne ihren Vordermann loszulassen bis zur Ziellinie, die ca. 10 m weit entfernt ist, zu kommen. Ist der letzte der jeweiligen Mannschaft mit seinen Füßen über die Ziellinie, darf er alle Lappen schnell einsammeln und sie zur nächsten Gruppe an die Startlinie bringen. Diese legen wiederum die Lappen unter die Füße und schlittern nun ohne erneutes Startsignal los. Wahrscheinlich profitieren sie schon von der Beobachtung der ersten Gruppe und vereinbaren, mit welchem Fuß sie losschlittern und wer das Signal gibt.
Sind alle Gruppen an der Ziellinie angekommen ist das Spiel beendet. Natürlich kann es aber auch noch einmal gespielt werden.

Anschlussgespräch:
Wie hat euch das Spiel gefallen?
Wie habt ihr zusammengearbeitet?
Bei welcher Gruppe hat es am besten geklappt und was hat ihnen dabei geholfen?

■ Murmeltransport

Altersstufe: ab 3. Klasse
Material: mind. 40 Murmeln (oder Kieselsteine, Styroporkugeln o.ä.), 8 ähnliche Behältnisse
ausreichend Platz (Flur, Hof oder Turnhalle)

Einführung: *Im folgenden Spiel sollt ihr zeigen, wie gut ihr mit den anderen eurer Gruppe zusammen planen und entscheiden könnt, um gemeinsam eine Aufgabe zu lösen. Es wird nicht darum gehen, wer als erster am Ziel ist.*

Ablauf: Teilen Sie die Klasse in vier Gruppen. Alle Gruppen stehen nebeneinander an der Startlinie. Dort und am Ende der Strecke, an der Ziellinie steht für jede Gruppe jeweils ein Behältnis (Karton, Schale, o.ä.).

In den Behältnissen an der Startlinie befindet sich jeweils die gleiche Anzahl Murmeln (ca. 10). Erklären Sie dann die Spielregeln!
Jede Gruppe soll versuchen, alle Murmeln von dem Behältnis an der Startlinie zu dem Behältnis an der Ziellinie zu transportieren. Dabei gibt es allerdings einige Regeln zu beachten:

1. Die Murmeln dürfen nicht mit den Händen angefasst werden.
2. Es dürfen nicht mehrere Murmeln gleichzeitig transportiert werden.
3. Derjenige, der eine Murmel bei sich trägt, darf sich nicht selbst vorwärts bewegen.

Nach dem Bekannt geben der Regeln können die Gruppen sofort beginnen. Regen Sie sie dazu an, eigene Lösungen zu entwickeln und nicht nur die der anderen Gruppen zu übernehmen! Betonen Sie, dass es nicht um Schnelligkeit geht, sondern um ein gemeinsames Planen und Handeln!

Anschlussgespräch:
Wie hat euch die Übung gefallen?
Wie seid ihr vorgegangen?
Konnte jeder von euch Ideen einbringen?
Wie habt ihr entschieden, wenn es verschiedene Vorschläge gab?

■ Ein Werbespot

Altersstufe: ab 3. Klasse
Material: Papier, Stifte

Einführung: *In großen Firmen arbeiten die Menschen in Teams zusammen, wenn es darum geht, etwas Neues zu entwickeln. Die Unternehmer versprechen sich davon größere Erfolge, da mehr Menschen auch mehr gute Ideen entwickeln können. Die Mitarbeiter eines Teams müssen allerdings dazu bereit sein, sich immer wieder mit den anderen abzustimmen und gemeinsame Entscheidungen zu treffen, ohne dass sich dabei einer übergangen oder ausgegrenzt fühlt.*
In der folgenden Übung sollt auch ihr in so einem Team arbeiten, Ideen entwickeln und gemeinsam entscheiden.

Ablauf: Bilden Sie verschiedene Team mit jeweils vier bis fünf Schülern! Sie selbst sind der Chef der Werbefirma. Sie fordern jedes Team auf, **eine** Idee für einen guten Werbespot zu entwickeln. Sie verteilen die Aufträge, für welche Produkte geworben werden soll. Nach Möglichkeit soll-

ten es Dinge sein, die die Kinder selbst verwenden und die es wert sind, angepriesen zu werden.
Jedes Gruppenmitglied darf und soll zunächst seine Ideen und Argumente einbringen. Es geht darum, welche Eigenschaften des Produktes die Zuschauer kennen lernen sollen, was in dem Spot inhaltlich passieren soll und wie das Ganze umgesetzt werden könnte. Anschließend wird über die verschiedenen Ideen diskutiert und die Schüler des jeweiligen Teams einigen sich auf eine gemeinsame Lösung. Mit dem Ergebnis muss jedes Gruppenmitglied voll und ganz einverstanden sein.

Im Anschluss daran werden die Lösungen ihnen und den anderen Teams der Firma präsentiert. Dabei können die Schüler frei entscheiden, wie sie das tun. Eventuell können sie Bilder dazu entwerfen oder den Spot als Rollenspiel vorführen.

Anschlussgespräch:
Wie hat euch die Übung gefallen?
Was war dabei besonders schwierig?
Konnte sich jeder gleichermaßen an der Entwicklung beteiligen?
Wie habt ihr die Aufgaben verteilt?
Würdet ihr das nächste Mal etwas anders machen?

■ Bonbons!

Altersstufe: ab 2. Klasse
Material: 2 bis 3 Bonbons pro Schüler, genügend Platz (Flur, Hof,...)

Einführung: entfällt

Ablauf: Die Schüler stellen sich an einer Linie paarweise gegenüber. In ein paar Meter Entfernung liegen hinter jedem Schüler 2 oder 3 Bonbons hinter einer Linie. (Es gibt also eine Mittellinie und zwei Außenlinien.) Erklären Sie nun die Regeln!
Die Schüler, die ein Paar bilden, fassen sich gegenseitig auf die Schultern. Die Aufgabe eines jeden ist es, so schnell wie möglich, die Bonbons, die auf der Linie hinter seinem Gegenüber liegen, einzusammeln. Man darf sich einen Bonbon nehmen, wenn der Partner mit seinen Füßen hinter diese Linie kommt. Auf Ihr Startsignal hin geht es los.

Anmerkung: Die meisten Schüler werden dieses Spiel als Wettkampf auffassen, denn diese Art sind sie gewohnt. In diesem Fall werden sie versuchen, sich gegenseitig hinter die Linien zu drücken.

Würden sie miteinander kooperieren, kämen sie viel schneller ans Ziel.

Anschlussgespräch: Sprechen Sie mit den Schülern über ihr Vorgehen und darüber, welche anderen, für beide Partner erfolgreicheren Möglichkeiten es noch gäbe! Sie können daran gut verdeutlichen, welche Bedeutung Kooperation haben kann.

(in Anlehnung an *Walker* 1995a)

■ So soll es in unserer Klasse sein

Altersstufe: ab 3. Klasse
Material: Papier und Stifte für Skizzen, 1 großes Plakat mind. 2 x 1,80 m (z.B. zusammengeklebte Tapetenbahnen oder auch Stoff), Plakatfarben o.ä., Pinsel

Einführung: *Habt ihr euch schon einmal überlegt, wie es in unserer Klasse wäre, wenn jeder sich so verhalten würde, wie ihr es euch von ihm wünscht?*
Was würdet ihr euch von den anderen für ein Verhalten wünschen, wenn das ginge? (Lassen Sie die Schüler Einiges zusammentragen!)

Ablauf: Bitten Sie alle Kinder, auf einem Blatt Papier aufzuzeichnen, was sie sich dabei vorstellen! Welche Verhaltensweisen wären ihnen wichtig; wie würde es aussehen, wenn alle friedlich miteinander umgehen; usw.? Legen Sie im Anschluss daran die Bilder aus, betrachten Sie sie gemeinsam und reden Sie mit den Schülern über ihre Wünsche und Träume!
In einer der nächsten Stunden könnten die Schüler an einem Gemeinschaftsbild arbeiten, welches diese Vorstellungen beinhaltet. Dabei sollten sich die nebeneinandersitzenden Schüler (ca. 5-6) über die Aufteilung des Platzes und die Gestaltung abstimmen. Ziel soll es sein, ein zusammenhängendes Bild zu schaffen. Daher muss auch über das Verbinden der einzelnen Bilder gesprochen werden.
Ist das Bild fertig und hängt es im Raum, kann immer wieder dazu Bezug genommen werden. Bei Regelüberschreitungen könnten Sie beispielsweise im Sinne der moralischen Erziehung darauf verweisen und betonen, welches Verhalten sich dieser Schüler von den anderen gewünscht hat. Sagen Sie ihm, dass er für sein Verhalten selbst verantwortlich ist und durch sein eigenes Verhalten auch das Verhalten der anderen ihm gegenüber bestimmt.

Anschlussgespräch:
Wie gefällt euch euer Bild?
Welche Verhaltensweisen habt ihr dargestellt?
Was können wir tun, um dieses wahr werden zu lassen?

(in Anlehnung an *Drew* 2000)

■ Hilfe!

Altersstufe: ab 2. Klasse
Material: für jeden 1 kleinen Zettel (A6-7), Blatt A4, Stifte oder Farben

Einführung: *Jeder Mensch kommt ab und zu in Situationen, in denen er Hilfe braucht. Manchmal sind hilfsbereite Menschen in der Nähe, die das sehen und die, ohne zu zögern ihre Hilfe anbieten. Manchmal muss man aber auch erst um Hilfe bitten.*
Anderen unsere Hilfe anzubieten und selbst um Hilfe zu bitten, fällt uns manchmal sehr schwer, obwohl es doch eigentlich etwas ganz Normales sein könnte. Mit ein bisschen Übung und den richtigen Sätzen werdet ihr aber schnell merken, dass es doch eigentlich ganz einfach ist. Einem Menschen, der euch hilft, könnt ihr vertrauen. Ebenso vertrauen euch die Menschen, denen ihr geholfen habt.

Ablauf: Verteilen Sie die Zettel und bitten Sie die Schüler, sich eine Situation vorzustellen, in der sie schon einmal Hilfe brauchten! Diese Situationen sollen auf den Zetteln festgehalten werden. (Bei Schülern, die mit dem Schreiben noch Probleme haben, könnten die Situationen auch laut beschrieben und von Ihnen auf den Zetteln festgehalten werden.) Anschließend werden die Zettel eingesammelt, gemischt und neu verteilt.
Jeder Schüler soll sich nun für die gezogene Notsituation eine mögliche Hilfe überlegen. Dabei ist es möglich, dass sich derjenige in Not selbst hilft, dass ein anderer seine Hilfe anbietet oder dass derjenige selbst um Hilfe bittet. Die Situationszettel werden auf die Ecke des A4-Blattes geklebt und die Situation soll nun mit einer möglichen Hilfe auf dem Blatt in Form eines Comics dargestellt werden. Betonen Sie, dass es nicht darum geht, besonders gelungene Bilder zu zeichnen, sondern darum, die Möglichkeiten in dieser Situation darzustellen! Für die dargestellten Personen können Sprechblasen eingezeichnet werden. (Jüngere Kinder werden im Nachhinein erklären müssen, wie die Personen ihre Frage oder Bitte formulieren. Schreiben Sie diese auf und kleben Sie sie an den Rand des Bildes!)

Hängen Sie die Bilder im Klassenraum auf, damit sich die Kinder hin und wieder daran erinnern!

Anschlussgespräch:
Welche Situationen habt ihr dargestellt?
Welche Lösungen habt ihr gefunden?
Wie könnte derjenige sich selbst helfen?
Wie könnte er um Hilfe bitten und wie ihm Hilfe anbieten?

8.4. Baustein 4: Kommunikation

Kommunikation kann der Auslöser für Konflikte sein. Über Kommunikation können Konflikte aber auch erfahren und geregelt werden. Daher ist es besonders wichtig, Kommunikationsmittel kennen zu lernen, die eine Beziehung nicht stören. Die Schüler müssen sich demnach mit ihrem eigenen Kommunikationsverhalten und ihren Wertvorstellungen und Meinungen kritisch auseinandersetzen und lernen, andere mit ihren Wahrnehmungen und eventuell abweichenden Meinungen zu akzeptieren. Des weiteren ist es für eine gewaltfreie Konfliktaustragung notwendig, dass die Schüler lernen, ihre Ziele, Motive, Gefühle und Wünsche verbal auszudrücken sowie auf die der anderen Seite einzugehen.
Die eben genannten Fähigkeiten sind die Voraussetzung dafür, dass Aushandlungsprozesse erfolgreich sein können, dass also eine Lösung gesucht wird, in der die Wünsche und Bedürfnisse beider Parteien gleichermaßen berücksichtigt werden. Dieses ist nicht nur für eine konstruktive Konfliktbewältigung maßgeblich, sondern hilft auch bei anderen Entscheidungsprozessen weiter.

■ Was ist Kommunikation?

Altersstufe: ab 3. Klasse
Material: Karten mit Aufträgen (Abb.31)

Einführung: *Wenn man versucht, sich zu verständigen oder jemandem etwas mitzuteilen, dann kommuniziert man. Kommunikation bedeutet also Verständigung.*
Heute wollen wir uns einmal damit beschäftigen, wie Menschen kommunizieren können. Dazu bekommt ihr verschiedene Aufträge, die ihr in der Gruppe zunächst besprechen sollt. Dann werdet ihr dazu Beispiele als Rollenspiele vorführen.

Ablauf: Führen Sie ein kurzes Spiel zur Gruppenfindung durch! Beispielsweise könnten Sie die Karten eines Quartettspiels mischen, verdeckt ziehen lassen und die Schüler mit den Karten eines Quartetts bilden gemeinsam eine Gruppe. In einer Gruppe sollten allerdings mindesten zwei und nicht mehr als fünf Schüler sein.
An die verschiedenen Gruppen verteilen Sie nun Karten mit den folgenden Aufträgen. Wenn es mehr als vier Gruppen sind, können Sie gleiche Aufträge auch an verschiedene Gruppen verteilen, was die Auswertung v.a. für die Aufträge 3 und 4 besonders interessant machen wird. Es geht darum, dass die Schüler erkennen, dass wir nicht nur mit Hilfe verschiedener sprachlicher Zeichen kommunizieren, sonders dass unser Verhalten mit einer bestimmten Mimik, Gestik, Körperhaltung und Stimme ebenso eine bedeutende Rolle in der Kommunikation spielt.

Anschlussgespräch:

Nach dem Vorspielen von **Auftrag 1**: Lassen Sie die zuschauenden Kinder zusammenfassen, was sie gesehen haben, worum es in dieser Kommunikation ging und wie es die vorspielenden Kinder geschafft haben, sich ohne, dass der andere sie hören konnte, zu verständigen. *Welche Möglichkeiten haben sie genutzt?*
Die darstellenden Kinder sollten befragt werden, wie sie sich gefühlt haben, ob sie dem anderen alles verständlich machen konnten und welche Probleme es dabei gab. Fragen Sie auch, ob sie noch andere Möglichkeiten gefunden haben, die sie aber nicht vorgespielt haben!

Nach dem Vorspielen von **Auftrag 2**: Lassen Sie wieder die zuschauenden Kinder zusammenfassen, was sie gesehen haben, worum es in der Kommunikation ging und wie die vorspielenden Kinder die Herausforderung meistern konnten! Welche Möglichkeiten der Kommunikation haben sie genutzt und welche Parallelen gibt es zum Auftrag 1?
Die darstellenden Kinder sollten befragt werden, wie sie sich gefühlt haben, wo sie Schwierigkeiten hatten, was ihnen leicht fiel und ob sie dem anderen alles verständlich machen konnten. Fragen Sie auch hier wieder nach weiteren Möglichkeiten, die noch nicht vorgespielt worden sind!

Nach dem Vorspielen von **Auftrag 3**: Lassen Sie auch hier zusammenfassen, was die zuschauenden Kinder beobachten konnten. Versuchen Sie, die Kinder darauf aufmerksam zu machen, dass die Körperhaltung eine Aussage komplett ändern kann. Sollte das bei dem Vorspiel nicht deutlich geworden sein, bitten Sie die darstellenden Kinder, eine ihrer Situationen noch zweimal vorzuspielen und dabei extrem verschiedene Körperhaltungen einzunehmen!
Wie hat die Körperhaltung das Gesagte verändert?

Die darstellenden Kinder werden wieder befragt, welche Gedanken sie sich vorher gemacht haben, wie sie diese umsetzen wollten, ob es gelungen ist und wo die Schwierigkeiten lagen.

Nach dem Vorspielen von **Auftrag 4**: Die zuschauenden Kinder sollten wiederum zusammenfassen: *Was konntet ihr beobachten? Was haben die verschiedenen Stimmlagen bewirkt?*
Auch die darstellenden Kinder sollten wieder zu Wort kommen: *Wie habt ihr euch beim Vorspielen gefühlt? Welche Stimmlage ist euch am angenehmsten und welche überhaupt nicht? Was kann man mit der Stimme erreichen?*

Anschließend sollten alle Kinder noch einmal die Möglichkeit haben, auszuprobieren, wie man jemanden beruhigen, reizen, aufmuntern, verärgern, usw. kann?
Wie müssten wir uns in Konflikten verhalten, damit wir gemeinsam eine Lösung finden können?

Auftrag 1	Auftrag 2
Wie könnten sich Menschen verständigen, die taub sind? (Wenn ihr dazu verschiedene Ideen habt, dann schreibt euch alle auf!)	Wie könnten Menschen sich verständigen, die stumm sind? (Wenn ihr verschiedene Ideen habt, dann schreibt sie euch auf!)
Überlegt euch dann eine Situation, in der zwei taube Menschen kommunizieren und spielt diese Situation der Klasse vor!	Überlegt euch dann eine Situation, in der zwei stumme Menschen kommunizieren und spielt diese Situation der Klasse vor!

Auftrag 3	Auftrag 4
Überlegt euch, was die Körperhaltung dem anderen in einem Gespräch übermitteln kann. Wie kann sie das Gesagte unterstützen oder auch zunichte machen? Haltet eure Ergebnisse schriftlich fest! Findet für eure Meinungen Beispiele, die ihr der Klasse dann vorspielt!	Wie kann unsere Stimme (laut, leise, fest, unsicher, ...) ein Gespräch beeinflussen? Haltet eure Ergebnisse schriftlich fest! Findet für eure Aussagen Beispiele und führt sie als kurze Rollenspiele vor der Klasse vor!

Abb. 31 Auftragskarten zu „Was ist Kommunikation?"

■ Nonsenssprache

Altersstufe: ab 1. Klasse
Material: keines

Einführung: *Je nachdem wie wir unsere Stimme verändern, können wir bei unserem Gesprächspartner verschiedene Gefühle auslösen. Damit können wir das Gespräch in eine bestimmte Richtung lenken.*
Wenn ich beispielsweise furchtbar wütend bin und deswegen jemanden anbrülle, er solle endlich abhauen (Machen Sie das vor!), *dann wird auch der andere wahrscheinlich in ebenso wütendem Ton reagieren.*
Wenn ich aber sehr traurig bin und nur ganz leise etwas zu jemanden sage, dann wird der andere wahrscheinlich nicht mit einer lauten Stimme reagieren, sondern ganz ruhig nachfragen.
Das wollen wir heute einmal ausprobieren.

Ablauf: Bitten Sie die Kinder, sich in Gedanken in ein Fantasiewesen zu verwandeln (Bei jüngeren Kindern können Sie zusätzlich Verkleidungsmaterialien zur Verfügung stellen.)! Jedes Wesen geht frei durch den Raum. Stößt es mit einem anderen Wesen zusammen, beginnen diese, sich in ihrer jeweiligen Fantasiesprache zu streiten. (Die Laute können sie aber jeweils nicht verstehen.) Zunächst sollen sie sehr wütend sein und dann aber einlenken und versuchen, den anderen wieder zu besänftigen. Ist dies geschehen, trennen sie sich und gehen weiter, bis sie wiederum mit jemandem zusammenstoßen. Dabei kann natürlich auch nachgeholfen werden.

Anschlussgespräch:
Wie hat euch das Spiel gefallen?
Wie fühlt man sich, wenn einen jemand so ankeift?
Wann werde ich lauter?
Wie beruhigt man sich wieder? Was hilft einem dabei?

■ Stumme Botschaften

Altersstufe: ab 3. Klasse
Material: Situationskärtchen (Abb.32)

Einführung: *Wenn wir uns unterhalten oder jemandem etwas mitteilen wollen, benutzen wir für unsere Botschaften nicht nur die Sprache. Wir kommunizieren genauso mit unserem Körper, also mit Hilfe des Gesichtsausdrucks, der Körperhaltung und der Hände* (Verweisen Sie gegebenenfalls auf die letzten Übungen!). *In dieser Übung wollen wir einmal versuchen, ohne Worte eine Botschaft zu übermitteln.*

Ablauf: Diese Übung kann in Gruppen, aber auch mit der gesamten Klasse durchgeführt werden.
Verteilen Sie die Situationskärtchen! Nacheinander kommen dann die Kinder mit ihrer Karte nach vorn und versuchen ihre Situation ohne Worte darzustellen, bzw. die Botschaft den anderen klarzumachen. Dafür können sie, wenn sie wollen, andere Kinder als Statisten aufstellen oder auch verschiedene Materialien verwenden. Die übrigen Kinder raten, was das darstellende Kind meinen könnte.

Anschlussgespräch:
Wie hat euch die Übung gefallen?
Was ist euch leicht und was schwer gefallen?
Wie wichtig ist euch die Sprache?
Könntet ihr euch vorstellen, wie es ist stumm zu sein?
Könnte man auch ohne Worte die Gefühle eines anderen verletzen? Wenn ja, wodurch?
(Lassen Sie Beispiele vorspielen und gehen Sie auf Alternativen ein!)

(in Anlehnung an *Petermann u.a.* 1997)

Hilf mir mal bitte! Ich bekomme den Koffer nicht zu.	Ich komme zur spät zur Schule, wenn du jetzt noch duschen willst!	Ich habe meine Bücher und meine Hefte eingepackt. Habe ich etwas vergessen?	In den Ferien fahre ich zur Ostsee. Was machst du?
Ich habe keine Lust, heute schwimmen zu gehen.	Mir geht es nicht gut. Ich habe mich heute mit meinem Freund gestritten.	Es tut mir leid, dass ich gestern so gemein zu dir war!	Kommst du heute mit zu mir?
Was machst du da? Das ist meine Schultasche!	Ich kann nicht mitkommen. Ich muss noch Klavier üben.	Kann ich dir helfen? Du siehst so traurig aus.	Ich ärgere mich darüber, dass ihr beim Fußballspielen gewonnen habt.
Hast du mal ein Taschentuch für mich? Ich muss gleich niesen.	Es tut mir leid, dass ich zu spät komme. Ich habe verschlafen.	Du hast so schöne Bilder! Wollen wir tauschen?	Den Hasen finde ich so süß!
Ich habe so einen großen Durst. Kann ich etwas von dir trinken?	Mein Füller schreibt nicht mehr. Hast du noch einen Stift für mich?	Komm mal her! Ich zeige dir ein Geheimnis.	Das war blöd von mir. Wollen wir uns wieder vertragen?

Abb. 32 Situationskarten für „Stumme Botschaften"

■ Gefühlte Zeichen

Altersstufe: ab 1. Klasse
Material: keines

Einführung: *Menschen können sich auch ohne Worte verständlich machen. Welche Möglichkeiten fallen euch dazu ein?* (Lassen Sie einige Möglichkeiten zusammentragen oder verweisen Sie gegebenenfalls auf die letzten Übungen!)
Heute wollen wir einmal versuchen, uns über Zeichen etwas mitzuteilen, die man nicht sehen oder hören, sondern nur fühlen kann. Vielleicht habt ihr dieses Spiel schon einmal ausprobiert. Ihr malt jemandem mit dem Finger etwas auf den Rücken und dieser muss nun raten, was das sein könnte.

Ablauf: Sprechen Sie vor allem mit jüngeren Kindern vorher durch, welche Art von Zeichen gewählt werden könnten. Beispielsweise könnte man sich auf geometrische Formen (z.B. Quadrat, Kreis, Rechteck, ...) festlegen oder auf verschiedene Gesichtausdrücke (z.B. lachendes, trauriges, wütendes Gesicht, usw.). Sie könnten aber auch auf einer Folie verschiedene Formen zur Auswahl stellen. In der ersten Klasse sollten die Formen jedoch noch nicht zu komplex sein.
Die Kinder suchen sich einen Partner und wechseln sich nach dem richtigen Erraten ab.

Anschlussgespräch:
Wie hat euch die Übung gefallen?
War es schwierig, die Form zu erkennen?
War es angenehm oder eher unangenehm, berührt zu werden?

(modifiziert nach mündlicher Überlieferung)

■ Was die Körperhaltung sagen kann

Altersstufe: ab 3. Klasse
Material: 2 Stühle

Einführung: *Die Übung, die wir gleich durchführen werden, soll euch darauf aufmerksam machen, wie sich unsere Körperhaltung auf das Gespräch, was wir führen, auswirkt. Über die Körperhaltung geben wir dem anderen zu verstehen, ob wir ihm zuhören, ob wir an dem Gespräch Interesse haben oder welche Gefühle wir gerade haben.*

Ablauf: Bitten Sie die Schüler, sich etwas auszudenken, was sie einem Freund in einigen Sätzen gern erzählen würden! Stellen Sie zwei Stühle so auf, dass alle Schüler diese gut sehen können und bitten Sie fünf Kinder nach vorn, denen Sie ‚ohne dass die anderen es mitbekommen, folgende Anweisungen geben:
Setze dich auf den Stuhl! Wenn gleich ein Kind zu dir kommt, um dir etwas zu erzählen, ...

1.Schüler: *...setzt du dich aufrecht hin, stellst die Beine weit auseinander auf und stützt deine Hände auf die Oberschenkel. Die Arme sind dabei gebeugt und die Ellenbogen zeigen nach außen. Deine Augen schauen grimmig und deinen Mund presst du zusammen. Höre dir in dieser Haltung an, was der oder die andere zu sagen hat!*

2.Schüler: *...streckst du die Beine locker von dich, legst einen Ellenbogen auf die Stuhllehne und schaust mal hier und mal dorthin. Höre dir in dieser Haltung an, was der oder die andere zu sagen hat!*

3.Schüler: *... beugst du deinen Oberkörper nach vorn, stützt deine Ellenbogen auf die Oberschenkel und siehst dem oder der anderen in die Augen. Höre dir in dieser Haltung an, was er oder sie zu sagen hat!*

4.Schüler: *...ziehe deine Beine an dich ran und umschlinge sie mit deinen Armen! Drehe den Kopf zur Seite und vermeide solange, wie der oder die andere redet, ihn oder sie anzusehen!*

5. Schüler: *... verschränke deine Arme vor deinem Bauch und schau den oder die andere(n) schüchtern, immer wieder von unten hochblickend an. Vermeide einen zu langen Blickkontakt!*

Wenn jeweils ein Schülerpaar eine solche Situation vorgespielt hat, sollte gleich eine Auswertung erfolgen (siehe Fragen unter Anschlussgespräch). Im Anschluss daran sollten für Haltungen, die negative Auswirkungen auf das Gespräch hatten, von den Schülern Alternativen entwickelt und vorgespielt werden.

Anschlussgespräch:
Wie habt ihr euch in eurer Rolle gefühlt?
Was habt ihr vom andern erwartet und was hättet ihr euch vom anderen gewünscht?
Welche Haltungen können ein Gespräch positiv beeinflussen?
Wie kann man sich verhalten, wenn man gerade andere Probleme hat und nicht in Ruhe zuhören kann, ohne den anderen zu verärgern?

■ Gespräche so oder so

Altersstufe: ab 3. Klasse (aufbauend auf die vorhergehende Übung)
Material: 16 Zeichenblätter (mind. A2), 1 Plakat (ca. A1), dicke Stifte, Magnete, Aufträge (Abb.33)

Einführung: *Ihr habt in der letzten Übung schon herausgefunden, welche Körperhaltungen ein Gespräch günstig beeinflussen.* (Lassen Sie die Ergebnisse noch einmal zusammenfassen!) *Lasst uns heute darüber nachdenken, was man noch tun kann, damit ein Gespräch für beide gut verläuft und sich jeder verstanden fühlt, bzw. was dieses verhindert!*

Ablauf: Verteilen Sie die Bänke im Klassenraum so, dass die Schüler an vier Stationen arbeiten können, ohne dabei zu eng aufeinander zu sitzen. Teilen Sie die Klasse in vier Gruppen auf und erklären Sie den organisatorischen Ablauf!
Die Gruppen werden auf die verschiedenen Stationen verteilt und bearbeiten dort ihren jeweiligen Auftrag. Nach einer vorher bestimmten Zeit, wechseln die Gruppen in Uhrzeigerrichtung ihre Station und bearbeiten den nächsten Auftrag. Ihre Ergebnisse werden auf großen Zeichenblättern (mindestens A2) festgehalten und von ihrem vorher bestimmten „Repräsentanten" nach jeder Station mitgenommen.
Haben die Gruppen alle Stationen durchlaufen erfolgt eine gemeinsame Auswertung, wobei die „Repräsentanten" die Ergebnisse anhand der Bögen, die sie an der Tafel befestigen, den anderen vorstellen. Halten Sie die gemeinsamen Ergebnisse auf einem großen Plakat, was später im Klassenraum aufgehängt werden sollte, übersichtlich fest!

Anschlussgespräch:

Für den Auftrag von **Station 1**: Gehen Sie zunächst auf die Ergebnisse der Gruppen ein! Verweisen Sie dann insbesondere auf die Funktion des Zuhörens und die Möglichkeiten, Aufmerksamkeit zu signalisieren (Blickkontakt, Kopfnicken, Haltung, usw.)! Betonen Sie wie wichtig es ist, jemanden ausreden zu lassen und sich für ein Gespräch genügend Zeit zu nehmen!
Für den Auftrag von **Station 2**: Gehen Sie wieder zunächst auf die Ergebnisse der Gruppen ein! Fragen Sie dann auch, welche Möglichkeiten die Kinder selbst schon genutzt haben, wie sie andere Kinder angesprochen haben und welche Erfahrungen sie damit gemacht haben!
Für den Auftrag von **Station 3**: Werten Sie gemeinsam mit den Schülern die Ergebnisse aus und sprechen Sie über negative Erfahrungen, die die Kinder selbst schon gemacht haben! Sprechen Sie auch darüber, welches ungünstige Verhalten die Schüler sich selbst angewöhnt haben und

wie sie versuchen könnten, in Zukunft mehr darauf zu achten! Dabei sollten Sie natürlich auch darauf eingehen, welche Vorteile sich daraus ergeben.
Für den Auftrag von **Station 4**: Diskutieren Sie mit allen Schülern die verschiedenen Ergebnisse! Welche Möglichkeiten eröffnen sich und welche würden die Schüler auch in der Realität anwenden? Letztendlich wird es wiederum darum gehen, den anderen ausreden zu lassen, ihm zuzuhören und nicht zu bewerten.

Vereinbaren Sie mit den Schülern anhand der Ergebnisse dieser Übung drei Regeln, die in Zukunft für Gespräche im Unterricht verbindlich sein sollen!

Station 1 Das Gespräch fördernd	Station 2 Türöffner
Wie müssen sich Gesprächspartner verhalten, damit beide das Gefühl haben, sie können ihre Meinung sagen und sie werden vom anderen verstanden? Was können sie also dafür tun, sagen oder zeigen, ...? Schreibt alle Punkte, die euch dazu einfallen, auf ein großes Blatt Papier mit der Überschrift „Das Gespräch fördernd" und diskutiert darüber, wenn ihr nicht einer Meinung seid!	Manchmal möchten wir gern über etwas reden, aber es fällt uns schwer, einen Anfang zu finden. a) Findet Möglichkeiten für einen solchen Anfang und schreibt sie unter a) auf ein großes Blatt Papier mit der Überschrift „Türöffner"! b) Findet mögliche Sätze, wie ihr jemanden ansprechen könnt, der scheinbar ein Problem hat und dem ihr helfen wollt! Schreibt diese Beispiele unter b) auf!
Station 3 Das Gespräch hemmend	**Station 4 Eine andere Meinung**
Was kann ein Gespräch negativ beeinflussen, so dass die Gesprächspartner das Gefühl haben, ihre Meinung nicht äußern zu können oder nicht verstanden zu werden? Welche Handlungen und welche Wörter führen dazu? Schreibt alle Punkte, die euch dazu einfallen auf ein großes Blatt Papier mit der Überschrift „Das Gespräch hemmend" und diskutiert darüber, wenn ihr nicht einer Meinung seid!	Stellt euch vor, ihr unterhaltet euch a) mit einem Freund b) mit einem Schüler, den ihr nicht leiden könnt c) mit der Lehrerin d) mit euren Eltern und diese haben eine ganz andere Meinung als ihr selbst! Was macht ihr, um das Gespräch trotzdem friedlich zu beenden? Schreibt eure Ergebnisse auf das große Blatt Papier mit der Überschrift „Eine andere Meinung"!

Abb. 33 Aufträge für „Gespräche so oder so"

■ Ferngesteuerte Autos

Altersstufe: ab 2. Klasse
Material: verschiedene Hindernisse (Federtaschen, Stühle, Mappen, ...)

Einführung: *In dem folgenden Spiel könnt ihr einmal testen, wie gut ihr kommunizieren* (Wiederholen Sie gegebenenfalls den Begriff!) *könnt.*

Ablauf: Suchen Sie vier (oder je nach Alter und Platz auch mehr) Freiwillige! Jeweils zwei Schüler bilden ein Paar, wobei sie sich darüber einigen sollen, wer die Steuerung übernehmen möchte und wer das Auto spielen möchte. Die „Autos" bekommen die Augen verbunden. Eventuell können für sie auch bestimmte Bezeichnungen (z.B. Autotyp oder Nummer) vergeben werden. Die „Autos" werden einander gegenüber, an jeweils einer Linie (Schnur oder mit Kreide aufgezeichnet) aufgestellt.
Die Kinder mit der Fernsteuerung sollen nun ihre Autos steuern, indem sie ihnen bestimmte Anweisungen zurufen, die die „Autos" ausführen müssen. Ziel ist es, sie an den Hindernissen und anderen Autos vorbei, bis zur gegenüberliegenden Seite zu „fahren". Wenn die „Autos" an einen Gegenstand oder an eine Person stoßen, bleiben sie stehen und geben einen andauernden Signalton von sich. Das steuernde Kind darf schnell eines der herumstehenden Kinder bestimmen, das seinem Auto helfen kann, indem es wieder in die gewünschte Richtung gedreht wird.

Anschlussgespräch:
Wie hat euch das Spiel gefallen?
War es einfach oder schwierig, das Auto zu steuern und warum?
War es einfach oder schwierig, die Anweisungen auszuführen und warum?

■ Aktives Zuhören I

Altersstufe: ab 2. Klasse
Material: keines

Einführung: *Sicherlich habt ihr alle schon einmal Situationen erlebt, in denen einer dem anderen etwas erzählt hat, der andere aber selbst etwas Wichtiges zu erzählen hatte, so dass er gar nicht richtig zuhören konnte.* (Lassen Sie die Schüler nach Bedarf von ihren Erfahrungen berichten!) *Wir werden im ersten Teil dieser Übung einmal solche Situationen nachstellen, in denen beide aneinander vorbeireden.*
Im zweiten Teil werde ich euch dann eine Technik vorstellen, wie man dem anderen zeigen kann, dass man ihm aufmerksam zuhört. Wenn wir

diese Technik anwenden, wird der andere merken, dass wir ihm zuhören, dass wir Interesse an dem haben, was er sagt und er wird sich dadurch bestätigt fühlen. Das wird einerseits dem anderen helfen und andererseits auch uns selbst, denn dieser Mensch wird dann auch bereit sein, uns besser zuzuhören, wenn wir an der Reihe sind.

Ablauf: Stellen Sie die Stühle in einem Innen- und einem Außenkreis auf. Die Schüler auf den Stühlen im Innenkreis schauen nach außen und die Schüler im Außenkreis nach innen, so dass sich jeweils zwei Schüler als Paar gegenübersitzen. (Alternativ dazu können die Schüler auch stehen.)
Bitten Sie die Kinder sich ein Ereignis der letzten Woche in Erinnerung zu rufen, dass sie jemandem erzählen wollen. Geben Sie dafür einige Minuten Bedenkzeit!
Auf ein gemeinsames Zeichen hin beginnen die Schüler im Außenkreis ihrem Gegenüber davon zu erzählen. Der Schüler im Innenkreis „hört zunächst zu" und beginnt bei einer kurzen Pause von seinem Ereignis zu erzählen, ohne auf das Gesagte des anderen einzugehen. Bei einer weiteren Pause berichtet der andere weiter, usw.
Vor allem bei jüngeren Schülern sollten Sie zunächst ein Beispiel vorspielen, damit alle die Aufgabenstellung verstehen. Nach 2-3 Minuten stoppen Sie das Gespräch und die Schüler im Innenkreis rücken alle zwei Plätze nach rechts. Dort beginnen wieder die Schüler im Außenkreis, von ihrem Ereignis zu erzählen, usw. Führen Sie in dieser Art vier bis fünf Runden durch (so dass jeder vier bis fünf Mal von seinem Ereignis berichtet hat)! Dann sollte eine Auswertung erfolgen (siehe Fragen unter Anschlussgespräch).
Stellen Sie nun die Technik des Aktiven Zuhörens vor: „Aktives Zuhören bedeutet, dass ihr dem anderen aufmerksam zuhört und nach bestimmten Abständen das, was er gesagt hat, in eigenen Worten wiederholt. Der andere merkt dadurch, dass ihr ihm gut zuhört und kann eventuell etwas richtig stellen, wenn ihr etwas falsch verstanden habt. So könnt ihr euch gut verständigen. Wenn ihr dann an der Reihe seid, wird er euch genauso gut zuhören."
Führen Sie dann die Übung wie im ersten Teil durch. Nun sollen die Schüler aber das Aktive Zuhören üben. Der Schüler im Außenkreis beginnt, von seinem Ereignis zu berichten. Der Schüler im Innenkreis wiederholt, das was er gesagt hat, in seinen eigenen Worten. Ist der Schüler mit seinem Bericht am Ende, sagt er „Jetzt erzähle du weiter!" und der Schüler im Innenkreis berichtet, wobei der andere das Gesagte zusammenfasst, bzw. wiederholt. Spielen Sie vor dem Beginn wieder ein Beispiel vor! Gehen Sie bei den Gesprächen herum und erklären Sie gegebenenfalls noch einmal, was gemacht werden soll! Diese Übung ist vor allem für jüngere Kinder nicht einfach. Eventuell müssen Sie für die

Schüler der ersten Klasse ein einfacheres Thema wählen, z.B. „Ich mache gern ...".
Bei diesem Teil der Übung sollte schon nach der ersten Runde ein Auswertungsgespräch stattfinden. Danach können durch Weiterrücken weitere Runden stattfinden.

Anschlussgespräch:

Nach dem ersten Teil:
Ist euch das in Wirklichkeit auch schon einmal passiert?
Wie fühlt ihr euch als Erzählender?
Wie fühlt ihr euch als „Zuhörender"?
Was habt ihr von dem anderen erwartet?
Was könnte man anders machen, damit beide zufrieden sind?

Nach dem zweiten Teil:
Wie habt ihr euch jetzt gefühlt, als Zuhörer/ als Erzählender?
Warum ist es so wichtig, anderen zuzuhören?
War es leicht oder schwierig, das Gesagte zu wiederholen?
Könnte das aktive Zuhören uns helfen, Konflikte zu lösen? Warum?

■ Aktives Zuhören II

Altersstufe: ab 1. Klasse (im Anschluss an die vorhergehende Übung)
Material: keines

Einführung: *Wenn wir lernen wollen, Konflikte friedlich auszutragen, ist es besonders wichtig, auch den anderen zu verstehen. Um herauszufinden, was ihm wichtig ist und welche Wünsche er hat, müssen wir ihm gut zuhören können. Das können wir auch in dieser Übung wieder trainieren.*

Ablauf: Die Kinder sitzen im Stuhlkreis. Ein Kind beginnt, indem es jeweils einen Satz dazu sagt, was es mag und was es nicht mag.(Bei jüngeren Kindern sollte eine uneingeschränkte Wahlmöglichkeit bestehen, bei Älteren könnte z.B. eingeschränkt werden, dass sich das Gesagte auf bestimmte Verhaltensweisen beziehen soll.)
Das Nachbarkind wiederholt mit eigenen Worten das Gesagte und das erste Kind bestätigt oder verbessert. Das zweite Kind kann nun selbst zwei Aussagen machen, welche der nächste Nachbar wiederholt, usw.
Hierbei sind viele Variationen möglich, z.B.:

- Das Kind, was die Aussagen trifft, ruft ein beliebiges Kind auf, was das Gesagte wiederholt.
- diese Übung in Form von „Ich packe einen Koffer..."
- die Übung wie oben beschrieben, aber mit zwei Anfängen im Kreis

Anschlussgespräch:
Wie hat euch die Übung gefallen?
Was ist dabei besonders schwierig?
Wie könnte uns das im Alltag helfen?

■ Aktives Zuhören III

Altersstufe: ab 2. Klasse
Material: Satzanfänge (Abb.34) und Behältnis dafür, kleiner Stoffball o.ä.

Einführung: *Auch in dieser Übung wollen wir etwas über uns erzählen und das aktive Zuhören üben.*

Ablauf: Die Kinder sitzen im Stuhlkreis. Jeder Schüler zieht eine Satzanfangskarte und behält diese. Das Kind, das beginnt, vervollständigt den Satz und wirft einem anderen Kind den Ball zu. Dieses muss das Gesagte in eigenen Worten wiederholen, sich die Richtigkeit bestätigen lassen und darf dann mit seinem Satz weitermachen.

Anschlussgespräch:
Wie hat euch die Übung gefallen?
Wie hat das aktive Zuhören geklappt?
Was haben die anderen beobachten können?

Fordern Sie die Kinder auf (als Hausaufgabe), in der Familie oder bei Bekannten, Verwandten, usw. zu beobachten, wie diese in Gesprächen zuhören! Natürlich sollte dazu dann eine Auswertung erfolgen.

Im Sommer ...	Haustiere ...	Wenn ich einen Wunsch frei hätte ...	An meinem Freund mag ich ...	Ich finde es blöd, dass ...
In der Nacht ...	Das Beste an der Schule ist, ...	Im Kino ...	Nachmittags ...	Zum Frühstück ...
Hausaufgaben ...	Sport ...	Ich ärgere mich, wenn ...	Ich freue mich sehr, wenn ...	Im Zoo finde ich ...
Das Essen in der Schule ...	Mädchen und Jungen ...	Ich werde wütend, wenn ...	Wenn wir uns streiten ...	Zu meinem Geburtstag ...
Im Winter ...	Meine Eltern ...	Wenn ich jemanden mag ...	Tanzen ...	Bücher ...

Abb. 34 Satzanfänge zu „Aktives Zuhören III"

■ Gut zugehört!

Altersstufe: ab 2. Klasse
Material: eine kurze Geschichte (Sie finden unter Abb.35 eine kurze Geschichte für jüngere Schüler. Natürlich können Sie aber auch eine beliebige andere Geschichte auswählen.)

Einführung: *Wenn wir einander nicht gut genug zuhören, können daraus leicht Missverständnisse entstehen. Dann kann es passieren, dass wir glauben, etwas gehört zu haben, was der andere aber eigentlich nicht so gemeint hat oder was er gar nicht gesagt hat. In der nächsten Übung könnt ihr wieder zeigen, wie gut ihr zuhören könnt.*

Einer hilft dem andern

Es war einmal eine Henne, die hatte neun Küken. Eins davon hieß Lina. Wenn die Henne ein Körnchen gefunden hatte, freuten sich acht Küken. Nur Lina, das neunte, war betrübt und sprach zu sich selbst: „Schade, dass wir neun sind! Wäre ich allein, wäre jedes Körnchen mein!"
Eines Tages versprach die Henne den Küken, ihnen vom Feld eine Ähre mitzubringen. Sie flog über den Zaun, und die Küken warteten auf dem Hof. Lina aber dachte: „Ich will der Mutter entgegen gehen und sie um eine ganze Ähre bitten."
Sie machte sich heimlich auf den Weg, kam aber nicht weit. Im Garten war eine Grube. Lina sah die Grube in der Eile nicht, fiel hinein und konnte nicht mehr heraus. Sie klagte, jammerte, aber niemand hörte ihr Wehgeschrei.
Die Henne kehrte inzwischen auf einem anderen Wege nach Hause zurück. Als sie die Küken zählte, fehlte eins. Sie fragte: „Wo ist denn unsere Lina?" Aber keiner wusste etwas.
Die Küken begannen im Hofe zu suchen, und eines kam sogar in den Garten. Dort hörte es, wie jemand jammerte. Es lief der Stimme nach, bis es die Schwester in der Grube fand.
„Warte Lina, ich werfe dir einen Zweig hinein, dann kannst du heraushüpfen!"
Lina stellte sich auf den Zweig, konnte aber aus der Grube nicht heraus. Da trug das Küken trockenes Laub, Kleine Äste, Sand und Steinchen zusammen und warf sie hinein. Aber die Grube war immer noch viel zu tief. Lina jammerte und weinte. „Niemals werde ich hier herauskommen. Ich Arme! Schade, dass die übrigen nicht hier sind!"
Das Küken lief also, um die anderen zu holen. Nun trugen sie alle gemeinsam Holzstückchen, Blätter, Kieselsteine, Strohhalme, trockene Zweige, Gras, Erdkrumen, kurz – alles, was sie im Garten fanden, herbei. Die Grube füllte sich schnell, und Lina hüpfte immer höher. Auf einmal – hopp! – sprang sie aus der Grube heraus. Sie freute sich sehr und sagte: „Es ist doch gut, dass wir neun sind! Wäre ich allein gewesen, hätte ich in der Grube verhungern müssen."

(frei nach einer Geschichte von Josef Kozisek)

Abb. 35

Ablauf: Schicken Sie drei Kinder nach draußen! Erzählen Sie dann die Geschichte und bestimmen Sie ein Kind, was diese dem ersten Schüler, den sie anschließend hereinholen, erzählen soll. Dieser erste (der drei) Schüler wird sie daraufhin dem Zweiten erzählen und dieser dem Dritten.

Der letzte erzählt seine Version der Klasse. (Bei jüngeren Schülern reichen auch drei Nacherzählungen.)
Im Anschluss daran sollen die übrigen Kinder in der Klasse zusammentragen, welche Änderungen in der Geschichte vorgenommen wurden und was fehlte.

Anschlussgespräch:
Welche Informationen sind verloren gegangen?
Welche Informationen wurden verändert?
Was könnte man tun, um mehr Informationen zu behalten (Aufschreiben, Aktives Zuhören, Rückfragen)?

■ Die eigene Meinung äußern I

Altersstufe: ab 2. Klasse
Material: Karten mit Extrem-Positionen (Abb.36)

Einführung: *Ihr habt bereits erkannt, wie wichtig es ist, dem anderen gut zuhören zu können. Aber genauso wichtig, wie den anderen und seine Meinung zu verstehen, ist es auch, seine eigene Meinung zu bilden und sie dem anderen mitzuteilen. So viele verschiedene Kinder es hier gibt, so viele verschiedene Meinungen kann es auch geben und trotzdem können wir, wenn wir nur wollen, gut miteinander auskommen.*
In dieser Übung wollen wir herausfinden, wie viele verschiedene Standpunkte es unter euch zu einem Thema gibt.

Ablauf: Kennzeichnen Sie auf dem Flur oder im Klassenraum eine lange Strecke! An die beiden Enden der Strecke werden Karten mit jeweils einer Extrem-Position gelegt.
Die Kinder sollen sich dann so an dieser Strecke aufstellen, dass sie dadurch ihren Standpunkt deutlich machen. Dabei müssen sie sich mit den anderen verständigen, wer mehr oder weniger zu der nächstgelegenen Meinung tendiert und gegebenenfalls ihre Plätze tauschen.

Anschlussgespräch:
Wie hat euch die Übung gefallen?
War es schwierig, sich über seine Meinung klar zu werden?
War es schwierig, sich mit den anderen über eure Stellung zu einigen?
Habt ihr euch gleichmäßig auf die Strecke verteilt oder steht ihr alle relativ eng zusammen?

(in Anlehnung an *Leßmann* 2002)

A1 Ich finde Autos super.	A2 Autos müssten alle verschrottet werden.
B1 Am liebsten würde ich den ganzen Tag Sport treiben.	B2 Sport würde ich am liebsten abschaffen.
C1 Ich spiele am liebsten am Computer.	C2 Computerspielen macht mir überhaupt keinen Spaß.
D1 Am meisten lerne ich durch die Hausaufgaben.	D2 Hausaufgaben bringen mir überhaupt nichts.

Abb. 36 Extrem-Positionen zu „Die eigene Meinung äußern I "

■ Die eigene Meinung äußern II

Altersstufe: ab 2. Klasse
Material: keines

Einführung: *Auch wenn wir einmal nicht der gleichen Meinung sind, können wir, wenn wir bereit sind, den anderen anzuhören und seine Meinung zu akzeptieren, ein gutes Gespräch miteinander führen. Wichtig dabei ist, dem anderen ehrlich zu sagen, was man denkt und fühlt, ohne ihn wegen seiner anderen Meinung anzugreifen oder zu beleidigen.*
Versucht in der folgenden Übung, eure verschiedenen Meinungen zu akzeptieren, ohne denjenigen, der eine andere Meinung hat, auszulachen oder abzuwerten!

Ablauf: Bilden Sie Dreiergruppen! Drei Schüler setzen sich jeweils an eine Tischecke. Jede Gruppe bekommt die Aufgabe, nach Dingen, Tä-

tigkeiten oder Verhaltensweisen (Variieren Sie je nach Alter!) zu suchen, die ...
a) ... alle drei Schüler mögen.
b) ... einer mag und die beiden anderen nicht. (für jeden Schüler)

Die verschiedenen Ansichten sollten den anderen beiden begründet werden.
Im Anschluss daran, wählen Sie einige Gruppen aus, die ihre Vorlieben vorstellen! Dabei sollte für b) jeweils einer der beiden Schüler, die nicht dieser Ansicht waren, für den Dritten sprechen. Dabei sollte darauf geachtet werden, dass dieses mit Respekt und Achtung geschieht und auch dessen Gründe angeführt werden.

Anschlussgespräch:
Wie hat euch die Übung gefallen?
War es leicht oder schwierig unterschiedliche Vorlieben zu finden?
Wie habt ihr euch als diejenigen gefühlt, die eine andere Ansicht als die beiden anderen hatten?
Hat jeder jeden so akzeptiert, wie er selbst akzeptiert werden wollte?

(in Anlehnung an *Walker* 1995)

■ Regeln für Pro und Kontra - Diskussionen

Altersstufe: ab 2. Klasse
Material: Tafel, Kreide, Plakat, dicke Stifte

Einführung: *Manchmal können wir nicht einfach festlegen, was richtig oder falsch ist. Oft müssen wir deshalb darüber reden (diskutieren), wo die Vorteile und die Nachteile einer Sache liegen. Dabei ist es sogar gut, dass man verschiedene Meinungen hat. So wird man in einem Streitgespräch z.B. dazu angeregt, die Sache aus verschiedenen Richtungen zu betrachten. Manchmal entstehen daraus auch ganz neue Lösungen.*
Wir werden noch oft über etwas diskutieren. Damit wir daraus einen Nutzen ziehen können, ist es sehr hilfreich, wenn sich alle an einige wenige Regeln halten.

Ablauf: Lassen Sie die Kinder zusammentragen, welche Regeln ihnen bei einem Gespräch, in dem es verschiedene Meinungen gibt, wichtig erscheinen! Dabei sollten sie sich vor allem vorstellen, was sie von ihrem Gegenüber erwarten. Halten Sie alle Vorschläge an der Tafel fest! Geben Sie eventuell auch Impulse, darüber nachzudenken, wie Beurteilungen und Abwertungen zu vermeiden sind!

Im Anschluss an dieses Brainstorming sollen die Vorschläge in drei Regeln umformuliert werden, bzw. von den Vorschlägen drei als zukünftig gültige Regeln ausgewählt werden. Diese werden auf dem Plakat festgehalten und für alle zugänglich aufgehängt.
Verweisen Sie bei folgenden Diskussionen immer wieder auf die Regeln und fragen Sie im Anschluss, ob diese so eingehalten wurden!

Anschlussgespräch: Wenn es in den Diskussionen immer wieder zur Verletzung der Regeln kommt, sollten diese auf ihre Umsetzbarkeit hin noch einmal überprüft werden. Die Kinder sollten darüber reflektieren, warum es so schwer ist, die Regeln so einzuhalten und ob diese eventuell geändert werden sollen.

■ Ich- und Du-Botschaften

Altersstufe: ab 3. Klasse (Bei jüngeren Kindern könnten Sie die Erklärungen anders formulieren, die Situationen selbst vorlesen und diese nacheinander mit verschiedenen Botschaften durchspielen lassen.)

Material: Situationskarten (Abb. 37), Overhead-Projektor und Folien oder Tafel

Einführung: *Wenn man sich über etwas ärgert, sagt man manchmal zum anderen etwas, das auf ihn wie ein Angriff wirkt. Der andere denkt: „Was mault der mich denn so an" und erwidert diese Botschaft im gleichen Ton. Und so entsteht, manchmal wegen einer Kleinigkeit, ein großer Streit. Kennt ihr solche Situationen?* (Lassen Sie die Kinder von ihren Erfahrungen berichten!)

Ablauf: Bitten Sie die Schüler, solche Botschaften für die Situationen in Abbildung 37 zu formulieren. Halten Sie die Botschaften schriftlich fest (z.B. auf Folie)! (Sollten dabei auch Ich-Botschaften genannt werden, so schreiben Sie sie getrennt davon auf.) Erklären Sie dann, dass diese Botschaften auch Du-Botschaften genannt werden, da sie eine Aussage über den anderen machen. Wenn es ein Problem gibt, fühlt sich der andere dadurch oft angegriffen und versucht sich zu verteidigen, indem er auf die gleiche Weise „Angriffe" startet. Gehen Sie die Botschaften noch einmal durch und lassen Sie jeweils einen anderen Schüler darauf reagieren! Diese können auch gut als kurze Rollenspiele durchgespielt werden.

Sagen Sie, dass es auch eine andere Möglichkeit gibt, seinen Ärger auszudrücken. Auch wenn es der andere ist, der durch seine Tätigkeit den Ärger in uns hervorruft, kann er zunächst einmal nichts dafür. Wir müssen ihm sagen, dass **wir** damit ein Problem haben, denn wir sind für unsere Gefühle selbst verantwortlich. Man sagt also etwas über sich selbst aus und nicht, was der andere tun soll. Suchen Sie mit den Schülern Beispiele für Ich-Botschaften und wandeln Sie dann die gesammelten Du-Botschaften in Ich-Botschaften um! Führen Sie auch dazu einige Rollenspiele durch![14]

Anmerkung: Ich halte es zunächst noch nicht für notwendig, dass die Schüler die Bestandteile einer dreiteiligen Ich-Botschaft (störendes Verhalten, Folgen, Gefühle) kennen lernen. Es genügt, wenn sie sich erst einmal auf sich selbst und ihre Gefühle konzentrieren und diese zum Ausdruck bringen.

Anschlussgespräch:
Was haltet ihr von dieser Technik?
Wie haben sich die darstellenden Schüler im Rollenspiel gefühlt, bei Verwendung von Du-Botschaften und dann bei Ich-Botschaften?

Die Verwendung von Ich-Botschaften braucht zunächst viel Übung. Benutzen Sie selbst Ich-Botschaften und verweisen Sie in gegebenen Situationen immer wieder auf diese Möglichkeit!

---

[14] Lesen Sie gegebenenfalls selbst noch einmal die Ausführungen zu Ich- und Du-Botschaften im Abschnitt 7.3. zur effektiven Kommunikation!

Ein Mädchen aus deiner Klasse erzählt den anderen erfundene Geschichten über dich. Darüber ärgerst du dich sehr.	Im Kunstunterricht tropft die Farbe vom Pinsel deines Nachbarn genau auf deine neue Hose.	Nach der großen Pause geht ihr die Treppe hoch zu eurem Raum. Die Schüler aus der zweiten Klasse drängeln sich an euch vorbei, so dass Du mit dem Fuß umknickst.
Du hattest dich für heute Nachmittag mit deiner Freundin verabredet. Nach der Schule sagt sie nur: „Hab doch keine Lust!" und geht mit einem anderen Mädchen lachend los.	Im Unterricht nimmt sich dein Tischnachbar einfach, ohne zu fragen, einen Stift aus deiner Federtasche.	Bei einer Partnerarbeit, willst du deinem Partner erklären, welche tolle Idee du für dieses Projekt hattest. Doch er hört dir einfach nicht zu.
Du hast einem anderen dein Lieblingsbuch geborgt. Du siehst, wie er es in hohem Bogen auf seinen Platz feuert.	Einer aus deiner Klasse verpasst keine Gelegenheit, vor den anderen anzugeben. Was er heute wieder erzählt, kann einfach nicht stimmen.	Du sollst vor der Klasse ein Gedicht aufsagen. Ein Junge aus deiner Klasse kichert ständig, wenn er dich ansieht und flüstert mit seinem Nachbarn.

Abb. 37 Situationskarten zu „Ich- und Du-Botschaften"

■ Ich- und Du-Domino

Altersstufe: nach Einführung von Ich- und Du-Botschaften
Material: je ein Satz Spielkarten mit Ich- und Du-Botschaften pro Gruppe (Abb. 38) Die Karten müssen vorher ausgeschnitten und nach Möglichkeit laminiert werden.

Einführung: *In diesem Spiel habt ihr noch einmal die Gelegenheit, den Unterschied zwischen Ich- und Du-Botschaften zu erkennen.*

Ablauf: Bilden Sie Gruppen zu je fünf oder sechs Schülern. Jede Gruppe bekommt einen Satz Spielkarten. Davon erhält jeder Schüler 4 Karten, die er verdeckt in der Hand hält. Der Rest der Karten bleibt als Kartenstapel verdeckt liegen.
Ein Schüler beginnt und nimmt eine Karte vom Stapel und legt sie offen auf den Tisch. Der nächste muss eine passende Karte rechts oder links anlegen. An eine Du-Botschaft muss eine für diese Situation passende Ich-Botschaft angelegt werden oder umgekehrt. Jeder Spieler legt so lange an beide Enden der Schlange an, wie es seine Karten zulassen. Findet er keine weiteren Anlegemöglichkeiten, ist der nächste Mitspieler an der Reihe.
Hat ein Spieler keine passende Botschaftskarte, muss er eine neue Karte vom Stapel nehmen, gegebenenfalls auch eine zweite oder dritte Karte. Mehr als drei Karten werden jedoch nicht aufgenommen.
Hat ein Spieler keine Karten mehr oder kann niemand mehr anlegen, ist das Spiel zu Ende.
Derjenige, der keine Karten mehr hat oder der, der am Ende die wenigsten Karten in der Hand hat, hat gewonnen.

Anschlussgespräch:
Wie hat euch das Spiel gefallen?
War es einfach oder schwierig, die passende Botschaftskarte zu finden?

(in Anlehnung an *Jefferys-Duden & Duden* 2001)

Schubs mich nicht!	Ich möchte dir etwas Wichtiges erzählen.	Schubs mich nicht!	Ich möchte dir etwas Wichtiges erzählen.
Ich mag es nicht, wenn du mich schubst.	Mach dich nicht so breit, Du Mops!	Ich mag es nicht, wenn du mich schubst.	Mach dich nicht so breit, Du Mops!
Du Trottel! Jetzt hast du mein Bild versaut.	Es ist mir zu eng hier.	Du Trottel! Jetzt hast du mein Bild versaut.	Es ist mir zu eng hier.
Ich ärgere mich, dass du auf mein Bild gekleckst hast.	Du hörst mir gar nicht zu, wenn ich was sage!	Ich ärgere mich, dass du auf mein Bild gekleckst hast.	Du hörst mir gar nicht zu, wenn ich was sage!
Du lügst ja!	Ich bin ziemlich enttäuscht, wenn du mein Heft nicht wiederfindest.	Du lügst ja!	Ich bin ziemlich enttäuscht, wenn du mein Heft nicht wiederfindest.
Ich kann das einfach nicht glauben.	Du hast mein Heft verbummelt!	Ich kann das einfach nicht glauben.	Du hast mein Heft verbummelt!
Immer willst du bestimmen, was wir spielen.	Lass uns bitte erst einmal alleine spielen!	Immer willst du bestimmen, was wir spielen.	Lass uns bitte erst einmal alleine spielen!
Ich möchte auch mal vorschlagen, was wir spielen.	Pass besser auf, du Trampel!	Ich möchte auch mal vorschlagen, was wir spielen.	Pass besser auf, du Trampel!
Hau ab! Du störst!	Du bist auf meine Schuhe getreten. Das tat mir weh.	Hau ab! Du störst!	Du bist auf meine Schuhe getreten. Das tat mir weh.

Abb. 38 Spielkarten zu „Ich- und Du- Domino"

■ Feedback nach der Gruppenarbeit

Altersstufe: ab 2. Klasse
Material: keines

Einführung: *Wenn wir gemeinsam an einer Sache gearbeitet haben, ist es sehr wichtig, dass wir ehrlich darüber reden, wie wir uns und unsere Arbeit einschätzten.*
Dabei sollte darüber gesprochen werden, welche Fehler man gemacht hat und was man das nächste Mal besser machen könnte und auch, was gut war, damit man es beim nächsten Mal wieder so machen kann.
Eine solche Auswertung kann für die nächsten Vorhaben eine große Hilfe sein.

Ablauf: Führen Sie solche Feedback-Runden nach jeder Gruppenarbeit durch! Dabei sollte jeweils sowohl Anerkennung ausgesprochen werden als auch Kritik. Bei Kritikpunkten sollten die Schüler auch angehalten werden, Verbesserungsvorschläge zu machen.
Lassen Sie die beteiligten Schüler sich in einen Kreis setzen! Der Reihe nach gibt jeder Schüler mindestens einen Anerkennungs- und einen Kritikpunkt zur Arbeit der gesamten Gruppe (z.B. „Wir haben ein tolles Heft zusammengestellt. Leider haben wir aber die Aufgaben nicht gerecht verteilt.") Hat sich jeder in dieser Weise geäußert, sollten alle noch etwas zu einzelnen Personen sagen. Dabei könnten folgende Satzanfänge verwendet werden: „Was ich ganz toll finde ist, dass X ... ."; „Was ich nicht gut fand ist, dass Y ..... ." Dabei kann wieder ein Redestein oder ein anderer schöner Gegenstand herumgereicht werden.
Die Schüler sollten versuchen, sich eine eigene Meinung zu bilden und sich nicht nur an den Vorredner anzuschließen. Vielleicht ist es hilfreich, wenn sie vorher dazu angeregt werden, ihre Meinungen aufzuschreiben.
Halten Sie die Schüler dazu an, Kritik zu äußern, eventuell mit Hilfe von Ich-Botschaften (wenn diese Technik schon erlernt wurde)!
Helfen Sie den Schülern, Kritik anzunehmen und zu akzeptieren! Erläutern Sie, wozu diese dient und was sie das nächste Mal verändern können!

■ Meinungskreis (Feedback zum Unterricht)

Altersstufe: ab 1. Klasse
Material: großer Kreis aus Styropor (ca.50 cm Durchmesser), Befestigung (Nagel, Haken o.ä.), Pinnadeln, Papier, Scheren, Stifte in Grün, Gelb und Rot

Einführung: *Für mich ist es sehr wichtig, dass ihr mir sagt, wie ihr den Unterrichtet einschätzt. Nur so kann ich erkennen, ob er euch Spaß macht, ob ihr versteht, was ich euch erzähle oder ob ich vielleicht etwas ändern muss. Ihr könnt jederzeit zu mir kommen und mir persönlich sagen, was euch stört oder gefällt. Damit sich aber alle einmal dazu äußern, möchte ich folgende Übung mit euch durchführen:*

Ablauf: Führen Sie diese Feedback-Runde zum Abschluss einer Unterrichtsstunde, einer Unterrichtseinheit, zum Wochenabschluss oder in ähnlichen Situationen durch! Am Schuljahresende dürfte sie allerdings nicht mehr viel bringen, da für positive Veränderungen dann keine Zeit mehr bleibt. Nach den Ferien sind die Ergebnisse wahrscheinlich in Vergessenheit geraten.
Befestigen Sie den Styroporkreis an der Wand und teilen Sie ihn mit einem dicken Stift in verschiedene Kategorien auf (in den unteren Klassen genügen 4 Teile, in den weiteren können es auch 6 Teile sein)! Befestigen Sie nun mit Klebeband oder Pinnadeln an jedem Viertel (Sechstel) einen Zettel, auf dem die jeweilige Kategorie steht, die es zu beurteilen gilt (z.B.: „Ich habe in dieser Unterrichtseinheit viel gelernt"; „Der Unterricht hat mir Spaß gemacht"; „Das Thema fand ich interessant"; usw.)
Jeder Schüler schneidet aus einem Blatt Papier vier (bzw. sechs) kleine Kreise aus (je nach Anzahl der Kategorien). Diese sollen dann in der, nach Meinung des Schülers, für die jeweilige Kategorie zutreffenden Farbe ausgemalt werden. Grün bedeutet: „Ja, das stimmt vollkommen."; Gelb bedeutet: „Das stimmt zum Teil."; Rot bedeutet: „Nein, das stimmt überhaupt nicht."
In der Pause kann jeder Schüler nun zu jeder Kategorie jeweils einen seiner Punkte anpinnen, wobei die Farbe aussagt, ob er der Aussage zustimmt oder nicht.
In der folgenden Stunde sollten Sie nun den Meinungskreis auswerten und mit den Schülern darüber ins Gespräch kommen. Auch wenn dieses Meinungsbild manchmal frustrierend erscheint, sollte dieses als Chance gesehen werden, gemeinsam mit den Schülern über Verbesserungen nachzudenken.
Sammeln Sie bei Bedarf an der Tafel oder auf Folie Vorschläge für Verbesserungen des Unterrichts! Machen Sie auch selbst einige Vorschläge dazu! Zunächst werden alle Vorschläge ohne Bewertung festgehalten. Erst wenn eine beachtliche Zahl vorhanden ist, gehen Sie zur nächsten Phase über. Aus den vorhandenen Vorschlägen soll nun sortiert werden, was realisierbar ist und welche für Sie und die Schüler von Vorteil wären. Einigen Sie sich mit den Schülern darauf, welche Vorhaben umgesetzt werden sollen!

Anschlussgespräch: Haben Sie Ihren Unterricht aufgrund dieser Übung verändert, sollte nach einer bestimmten Zeit eine erneute Auswertung erfolgen. Diese kann in der gleichen, aber auch in anderer Form durchgeführt werden.

(Eine ähnliche Übung habe ich in einem Seminar zur Schülermitbeteiligung im Unterricht bei Frau Dr. Mickler, Universität Potsdam kennen gelernt)

8.5. Baustein 5: Konstruktive Konfliktbewältigung

Aufbauend auf die anderen Bausteine, die unabdingbare Voraussetzungen für die folgenden Übungen schaffen, werden die Kinder hier Wege kennen lernen, die eine gewaltfreie und konstruktive Konfliktaustragung ermöglichen.
Wichtig ist, dass sie vorangehend erkennen, was Konflikte sind und dass sie nicht nur negativ zu bewerten sind, sondern viele Chancen bergen. Anhand wirklicher und simulierter Konflikte und Gespräche können die Schüler u.a. lernen, eskalierendes Verhalten und deeskalierendes Verhalten zu beschreiben und zu erkennen, den eigenen Anteil am Konflikt einzugestehen sowie über die Konsequenzen des eigenen Verhaltens nachzudenken. Sie sollen lernen, sich selbst zu behaupten und dabei die Wünsche und Bedürfnisse der anderen anerkennen. Besonders wichtig erscheint es mir, dass sie die Vorteile einer kooperativen Kommunikation erkennen und bei einer gemeinsamen Lösungssuche flexibles und kreatives Denken entwickeln.
Über diese nachfolgenden Übungen hinaus sollten die Schüler im Unterricht motiviert werden, sich bei der Bearbeitung aktueller Konflikte in der Klasse, als auch lokaler und globaler Konflikte, in der Anwendung der erfahrenen Techniken zu üben. Durch den Bezug zu gesellschaftlichen Konflikten werden sie erkennen, dass jeder Einzelne für das gesellschaftliche Leben verantwortlich ist und dass auch Schüler friedliche Lösungen für solche Probleme suchen können.[15]

---

[15] Wertvolle Anregungen für Kinder zwischen sechs und zehn Jahren finden Sie dazu bei Naomi Drew (2000).

■ Was ist ein Konflikt?

Altersstufe: ab 3. Klasse
Material: Tafel, eventuell Papier und Stift für jede Gruppe

Einführung: *Wir werden in den nächsten Stunden häufiger über Konflikte sprechen und Möglichkeiten erarbeiten, wie wir Konflikte besser lösen können. Damit wir das tun können, sollten wir aber zuerst klären, was Konflikte überhaupt sind.*

Ablauf: Bitten Sie die Schüler, sich in Vierergruppen zusammenzusetzen! Jede Gruppe erhält den Auftrag, sich darüber zu einigen, was ‚Konflikt' bedeutet und dieses in höchstens drei Sätzen zu konkretisieren. Dieses Ergebnis soll im Anschluss an die gruppeninterne Diskussion der Klasse vorgestellt werden. Dabei sollten alle Gruppen die Möglichkeit haben, ihre Ergebnisse vorzustellen, so dass den Schülern möglichst viele Aspekte bewusst gemacht werden.
Halten Sie die verschiedenen „Definitionen" an der Tafel fest und lassen Sie von der Klasse nach jeder Vorstellung Beispiele für genau diese Definition finden!
Lassen Sie die Schüler im Anschluss daran darüber diskutieren, welche der genannten Aspekte bei der Betrachtung des Begriffes „Konflikt" eine Rolle spielen und ob ihre jeweilige Erklärung eventuell ergänzt oder verändert werden müsste! Dabei sollte noch einmal nach verschiedenen Beispielen gesucht werden.

Anschlussgespräch:
Ist ein Konflikt das, was ihr euch bis jetzt darunter vorgestellt habt?
Wer kann sich manchmal mit wem worüber nicht einigen?
Was meint ihr, warum wir über Konflikte sprechen wollen?

■ Konfliktstatuen

Altersstufe: ab 3. Klasse (im Anschluss an die vorhergehende Übung)
Material: keines

Einführung: *Wir haben das letzte Mal darüber gesprochen, was Konflikte sind. Heute wollen wir einmal versuchen, solche in einer Statue (in einem Standbild) darzustellen.*

Ablauf: Teilen Sie die Klasse wieder in verschiedene Gruppen mit jeweils fünf bis sechs Schülern! Die Kinder sollen dann überlegen, welchen Konflikt man gut in einer Statue darstellen könnte. Fordern Sie sie auf, darüber nachzudenken, wie die Beteiligten zueinander stehen, wie sie sich verhalten und wie dieses in ihrer Körperhaltung zum Ausdruck kommt! Ein Schüler der Gruppe sollte beim Darstellen die Rolle des Bildhauers übernehmen, um die Wirkung zu überprüfen. Eventuell kann er auch mit verschiedenen anderen Schülern der Gruppe tauschen, damit alle einmal die Statue von außen betrachten können.

Haben sich die Gruppen für eine Darstellung entschieden, führen sie nacheinander ihre Statuen den anderen vor. Zu jedem Standbild sollte eine kurze Auswertung erfolgen. (s.u.)

Anschlussgespräch:
Was stellt diese Gruppe für einen Konflikt dar?
Welche Personen sind daran beteiligt und welche Wünsche könnten sie haben?
Wie verhalten sie sich?
Verändert die Haltung der Personen so, dass sie eher erreichen könnten, was sie sich wünschen!

■ Das Verhalten in Konflikten

Altersstufe: ab 3. Klasse
Material: Rollenspielkarten (Abb.39), Tafel u. Kreide, Plakat u. dicke Stifte

Einführung: *Jeder, der an einem Konflikt beteiligt ist, kann den Ausgang des Konflikts auf seine Art beeinflussen. Indem wir uns für ein bestimmtes Verhalten entscheiden, bestimmen wir auch den Fortgang des Konflikts.*
Wir werden dazu einige Rollenspiele durchführen und dabei beobachten, welches Verhalten wozu führt.

Ablauf: Teilen Sie die Klasse in sechs Gruppen auf! Jeweils zwei Gruppen erhalten die gleichen Rollenspielkarten. Dennoch sollten die Gruppen genügend Platz haben, um ihre Rollenspiele getrennt einzuüben.
Lassen Sie die Gruppen ihre Rollenspielaufgaben durchsprechen und einüben! Je nach Klassengröße werden pro Gruppe zwei Kinder eine Rolle spielen und die anderen fungieren als Beobachter und Berater. Anschließend werden die Rollenspiele vor der gesamten Gruppe vorgespielt. Verteilen Sie aber zuvor an die zuschauenden Kinder folgende Beobachtungsaufgaben:

Gruppen 1,3,5:
1. Was wünscht sich die Person A?
2. Welches Verhalten zeigt die Person A?
3. Wie reagiert A auf das Verhalten von B?
4. Was erreicht A?

Gruppen 2,4,6:
1. Was wünscht sich die Person B?
2. Welches Verhalten zeigt die Person B?
3. Wie reagiert B auf das Verhalten von A?
4. Was erreicht Person B?

Rollenspiel 1
Stellt euch vor, dass Person A und Person B Geschwister sind! Ihre Eltern haben ihnen vorgeschlagen, mit ihnen in den Sommerferien entweder zu einem kleinen Reiterhof in den Bergen zu fahren oder in einen Bungalow an einem See in der Nähe von einem großen Freizeitpark. Die Eltern haben die beiden darum gebeten, sich für eine der beiden Möglichkeiten zu entscheiden.

Person A) Du liebst Pferde über alles und möchtest natürlich auf den Reiterhof. Sonst hast du ja keine Gelegenheit zum Reiten. Diskutiere darüber mit B! Seine Ansicht kommt für dich aber überhaupt nicht in Frage. Setze dich durch!

Person B) Du möchtest auf jeden Fall zu dem Freizeitpark. Pferde kannst du nicht ausstehen und Wandern erst recht nicht. Du hast sowiso den Eindruck, dass es immer nur nach A geht. Das findest du gemein. Jetzt sagst du A mal richtig deine Meinung.

Rollenspiel 2
Person A und Person B gehen in die gleiche Klasse. Im Klassenraum steht ein Computer, der in freien Arbeitsphasen von den Schülern selbstständig benutzt werden kann.

Person A) Du möchtest während der Freiarbeit an den Computer, weil du ein Übungsspiel für Deutsch machen möchtest. B möchte sich aber im gleichen Augenblick auch an den Computer setzen. Du hast keine Lust, etwas anderes zu machen und willst dich deswegen unbedingt durchsetzen.

Person B) Du möchtest während der Freiarbeit an den Computer, da dir deine Mathelehrerin aufgetragen hat, vor der Klassenarbeit noch einmal verschiedene Übungen des Mathe-Programms durchzurechnen. Heute ist dazu die letzte Gelegenheit. Genau in dem Moment, als du dich setzen möchtest, kommt aber A dazwischen und will selbst an den Computer. Einerseits möchtest du wirklich für Mathe üben, weil du sonst Angst hast, bei der Arbeit schlecht abzuschneiden. Andererseits hast du Angst, dass sich A über dich lustig macht.
Erkläre A kurz, was du möchtest, gib aber bald nach und mach etwas anderes!

Rollenspiel 3
Person A und B sind die besten Freunde. Jeden Mittwoch verbringen sie den Nachmittag gemeinsam. Heute wollten sie zusammen Schlittschuhfahren gehen, weil der See gerade zugefroren ist.

Person A) Eigentlich wolltest du mit B Schlittschuhfahren gehen, aber dein Vater sagte dir heute früh, dass er ausnahmsweise frei hat und nachmittags gern etwas mit dir unternehmen würde. Darüber hast du dich sehr gefreut und hast gleich zugestimmt. So etwas kommt nicht sehr oft vor. Erkläre das B! Er (oder sie) wird darüber sehr enttäuscht sein. Versuche, mit ihr gemeinsam eine Lösung zu finden!

Person B) A sagt dir, dass er (oder sie) heute doch nicht mit zum See kommen kann. Du hattest dich sehr auf diesen Nachmittag gefreut und dir sogar extra Schlittschuhe ausgeliehen. Daher bist du sehr enttäuscht. Erkläre A deine Gefühle und versuch mit ihm (oder ihr) eine Lösung zu finden1

Abb. 39 Rollenspielkarten für „Das Verhalten in Konflikten"

Nach jedem Rollenspiel erfolgt eine Auswertung dieser Fragen in tabellarischer Form an der Tafel (siehe Abb.40). Danach kann die Gruppe mit der gleichen Rollenspielkarte selbst entscheiden, ob sie ein weiteres Rollenspiel dazu vorführen möchte, wenn sie glaubt, dass dabei noch andere Aspekte deutlich werden könnten. Wurden alle drei Rollenspielsituationen durchgespielt und besprochen, können die Schüler mit Hilfe des Tafelbildes aus den Ergebnissen für sich und den Umgang mit Konflikten bedeutsame Schlussfolgerungen ziehen. Dabei können sie sich an den Fragen unter „Anschlussgespräch" orientieren. Diese Schlüsse sollten auf jeden Fall schriftlich festgehalten werden und nach Möglichkeit im Raum aufgehängt werden.

Anschlussgespräch:
Welches Verhalten verschlimmert eine Konfliktsituation?
Welches Verhalten wirkt auf beide beruhigend?
Durch welches Verhalten erreicht man am ehesten, was man sich wünscht?
Durch welches Verhalten könnten beide gewinnen?

	Rollenspiel 1		Rollenspiel 2		Rollenspiel 3	
	Person A	Person B	Person A	Person B	Person A	Person B
Frage 1						
Frage 2						
Frage 3						
Frage 4						

Abb. 40 Tabelle zu „Das Verhalten in Konflikten"

■ Was sage ich, wenn mich einer beschimpft?

Altersstufe: ab 3. Klasse
Material: für jeden Schüler einen Zettel, Stift, deeskalierende Reaktionskarten (Abb.41)

Einführung: *Wenn man von einem anderen beschimpft wird, wird man ziemlich schnell wütend und schimpft zurück. Das ist normal und passiert auch vielen Erwachsenen. Gerade das ist aber oft auch der Auslöser für einen Streit, bei dem die Beiden immer lauter und gemeiner werden. Manchmal geht es dann soweit, dass beide nicht mehr richtig wissen, was sie tun und sie verletzen sich gegenseitig immer mehr.*
Das muss nicht sein. Wenn wir nur ein wenig darauf achten, wie wir auf eine Beschimpfung reagieren, können wir verhindern, dass es soweit kommt.

Ablauf: Bitten Sie die Schüler, jeweils eine Du-Botschaft oder eine Beschimpfung auf einen Zettel zu schreiben (z.B. „Du Idiot")! Sammeln Sie die Zettel ein und verteilen Sie die Reaktionskarten unter den Schülern! Lassen Sie dann die aufgeschriebenen Schimpfwörter oder Du-Botschaften einzeln von einem oder mehreren Schülern vorlesen und fragen Sie jeweils danach, wer eine passende Reaktionskarte hat, die hierbei hilfreich sein könnte! Diejenigen können nach vorn kommen und zum Vorleser gewand, ihre Reaktion vorlesen. Natürlich können dabei auch mehrere Lösungen vorgespielt werden.

Anschlussgespräch:
Wie fandet ihr die Übung?
Welche verschiedene Arten von Reaktionen konntet ihr unterscheiden? (Ich-Botschaften, humorvolle Erwiderungen, Entschuldigungen, Vorschläge zum weiteren Vorgehen)
Erscheinen euch diese Reaktionen hilfreich?
Fallen euch noch andere Reaktionsmöglichkeiten ein?

(in Anlehnung an *Jefferys-Duden & Duden* 2001)

Ich möchte mich nicht mit dir streiten.	Wenn du mich so nennst, macht mich das ziemlich traurig.	Ich mag es nicht, wenn du so mit mir redest.	So möchte ich nicht genannt werden.
Es macht mich wütend, wenn du so etwas sagst.	Ich will nicht ... genannt werden.	Das du so etwas sagst, ärgert mich sehr.	Das macht mir keinen Spaß.
Das ist ja lustig.	Das ist ja ein witziges Wort.	Starker Witz.	Endlich mal wieder was zum Lachen.
Bist du böse auf mich?	Hab ich dir was getan, dass du so etwas sagst?	Warum sprichst du so zu mir?	Was willst du von mir?
Lass uns den Streit beenden!	Wollen wir nicht einmal wieder was zusammen machen?	Wollen wir uns nicht vertragen?	Was meinst du damit?
Tut mir leid, dass ich neulich so gemein war.	Ich würde gern wieder etwas gut machen.	Ich habe das vorhin gar nicht so gemeint.	Ich wollte dich nicht verletzen.

Abb. 41 Reaktionskarten zu „Was sage ich, wenn mich einer beschimpft"

■ Konflikt als Chance (vereinfachte Technik für konstruktive Konfliktbewältigung)

Altersstufe: ab 3. Klasse
Material: Merkblatt (Abb.42) als Plakat gestalten

Einführung: *Wenn Menschen in einen Konflikt geraten, ist es meist so, dass jeder seinen Standpunkt unbedingt durchsetzen möchte. Da beide aber dabei gegeneinander kämpfen, wird das eigentliche Problem nicht gelöst und die Gegner werden nur immer wütender.*
Meistens setzt sich irgendwann einer der beiden durch und der andere verliert. Das muss aber nicht so sein. Ich werde euch heute eine Technik vorstellen, mit der sich beide friedlich einigen können. Wenn sie in dieser Art gemeinsam nach einer Lösung für ihr Problem suchen, werden dadurch beide gewinnen.

Ablauf: Gehen Sie die Punkte auf dem Merkblatt, bzw. auf dem Plakat, nacheinander durch! Verweisen Sie dabei jeweils auf die bereits durchgeführten Übungen aus den anderen Bausteinen! Sie können natürlich auch einzelne Übungen noch einmal wiederholen.

1. **Zuerst beruhige ich mich.** (Lassen Sie zusammentragen, was die Kinder aus den entsprechenden Übungen behalten haben! Fragen Sie beispielsweise: *Wie kann man sich beruhigen, wenn man wütend ist? Wie kann man jemandem helfen, sich zu beruhigen?*)

2. **Was mir wichtig ist, erkläre ich mit Ich-Botschaften. (keine Beschuldigungen, Beschimpfungen, usw.!)** (Wiederholen Sie, was Ich-Botschaften sind und warum sie Du-Botschaften vorzuziehen sind! Lassen Sie die Schüler Situationen zusammentragen, in denen sie sich schon einmal über jemand anderes geärgert haben! Das, worüber sie sich geärgert haben, sollen sie dann in kleinen Rollenspielen einem anderen mit Hilfe von Ich-Botschaften mitteilen.)

3. **Ich höre dem anderen aktiv zu.** (Wiederholen Sie eine Übung des aktiven Zuhörens!)

4. Wir sammeln gemeinsam verschiedene Lösungsmöglichkeiten. (Wählen Sie einen bereits genannten Konflikt aus, der nach Möglichkeit viele Schüler betrifft. Führen Sie mit den Schülern ein Brainstorming durch, in dem nach möglichen Lösungen für den Konflikt gesucht wird! Geben Sie vorher jedoch die Regeln für ein Brainstorming bekannt: alle Vorschläge sind gut und werden festgehalten; die Vorschläge werden in keiner Weise beurteilt; je mehr Vorschläge, desto mehr Ideen werden entwickelt und desto mehr Auswahl hat man hinterher).

5. Wir entscheiden uns gemeinsam für eine Lösung, die beiden gerecht wird. (Die Vorschläge aus dem Schritt 4 können jetzt bewertet werden. Gehen Sie mit den am Konflikt beteiligten Schülern alle Vorschläge durch und überlegen Sie gemeinsam, welche Lösung wem nützen würde und ob sie in der Realität durchführbar wäre. Als Lösung für den Konflikt, an die sich beide Konfliktpartner dann halten sollen, kommt nur eine solche in Frage, die den Bedürfnissen und Wünschen beider gleichzeitig gerecht wird. Können sich die Schüler auf eine Lösung einigen, wird diese ausgewählt und ihre Umsetzung und auch deren Kontrolle geplant.)

Diese Technik bedarf natürlich einiger Übung. Führen Sie regelmäßig Rollenspiele durch, in denen Konflikte auf diese Art und Weise bearbeitet werden!
Treten in der Klasse Konflikte auf, die vor der Klasse auch bearbeitet werden können (nur mit Einverständnis der beteiligten Schüler!), sollten die Schüler immer wieder ermutigt werden, diese Technik anzuwenden. Begleiten Sie sie dabei, indem Sie die Moderation übernehmen! Die beteiligten Schüler bekommen die Chance, ihren Konflikt friedlich zu bearbeiten und die zuschauenden Schüler werden durch ihre Beobachtung lernen. Mit der Zeit werden die Strukturen sich festigen und Sie werden immer weniger eingreifen brauchen.

(in Anlehnung an *Drew* 2000, *Gordon* 1977, u.a.)

Ein Konflikt und beide gewinnen!

1. Zuerst beruhige ich mich.

2. Was mir wichtig ist, erkläre ich mit Ich-Botschaften. (keine Beschuldigungen, Beschimpfungen, usw.!)

3. Ich höre dem anderen aktiv zu.

4. Wir sammeln gemeinsam verschiedene Lösungsmöglichkeiten.

5. Wir entscheiden uns gemeinsam für eine Lösung, die beiden gerecht wird.

Abb. 42 Merkblatt der konstruktiven Konfliktbewältigung für „Konflikte als Chance"

■ Die Konfliktsituation entschärfen

Altersstufe: ab 3. Klasse (im Anschluss an die vorangegangenen Übungen)
Material: Arbeitsblatt (Abb. 43)

Einführung: *Ihr habt in den letzten Übungen schon erfahren, wie unser Verhalten die Konfliktsituation beeinflussen kann. Auf eurem Arbeitsblatt findet ihr Beispiele für verschiedene Verhaltensweisen, die die Konfliktsituation verschärfen können. Dahinter sollt ihr aufschreiben, wie ihr auf ein solches Verhalten reagieren könntet, damit der Konflikt doch noch friedlich gelöst werden kann.*

Ablauf: Verteilen Sie die Arbeitsblätter und beantworten Sie eventuelle Fragen dazu. Vielleicht müssen einzelne Verhaltensweisen noch einmal näher erläutert werden.
Nach dem Ausfüllen sollten die Ergebnisse in der gesamten Klasse besprochen werden. Betonen Sie, dass jeder Einzelne Verantwortung dafür trägt, wie der Konflikt verläuft. Auch wenn nur einer der Kontrahenten die Initiative für eine friedliche Konfliktlösung ergreift, kann der Konflikt konstruktiv bewältigt werden.

Anschlussgespräch:
War es schwierig, auf dieses konfliktverschärfende Verhalten friedlich zu reagieren?
Was würde euch in wirklichen Konflikten Probleme bereiten?
Würdet ihr das, was ihr aufgeschrieben habt, auch in der Realität anwenden?

Konfliktverschärfendes Verhalten	Konfliktentschärfende Reaktion
„Du Idiot hast meinen Füller kaputt gemacht."	
„Nein das stimmt nicht. Du bist schuld daran."	
Der Andere unterbricht dich ständig.	
„So dumm kann man ja gar nicht sein."	
„Ich habe Recht. Frage doch Frau X!"	
Der Andere tritt dich.	
„Das erzähle ich deinen Eltern."	
„Du hast hier gar nichts zu sagen."	

Abb. 43 Arbeitsblatt für „Die Konfliktsituation entschärfen"

Schlussbemerkungen

Ich denke, dass die vorangehenden Darlegungen verdeutlichen konnten, welches Potential in Konflikten liegt und wie dieses in der Grundschule von Kindern und Lehrern genutzt werden kann, wenn sich das Konfliktverständnis in diesem Sinne ändert.
Voraussetzung für einen konstruktiven Umgang mit Konflikten sind nicht nur Techniken zur konstruktiven Konfliktbewältigung, sondern insbesondere auch ein soziales Miteinander, das von gegenseitiger Achtung und Respekt geprägt ist. Auch dieses dürfte in den verschiedenen Abschnitten und durch den Aufbau des Trainings zum Ausdruck gekommen sein. Gerade in der Grundschule ist die Chance, dass Kinder faires Streiten und friedliche Konfliktaustragung erlernen, besonders groß, da sie in diesem Alter noch besonders harmoniebedürftig und gerechtigkeitsliebend sind. Dieses sollte genutzt werden, um die Persönlichkeitsentwicklung der Schüler positiv zu beeinflussen sowie Gewalt und Konkurrenzkampf langfristig vorzubeugen.
Ich wollte mit dieser Arbeit einen Beitrag dazu leisten und vor allem praktische Möglichkeiten erarbeiten, wie diese Erkenntnisse in der Grundschule umgesetzt werden könnten.
Auch wenn dieses im Rahmen einer Staatsexamensarbeit geschah, hoffe ich doch, dass einige Lehrer die Übungen und Handlungsanweisungen praktisch anwenden werden können. Dafür wünsche ich Ihnen alles Gute und viele kleine und große Erfolge! Nicht zuletzt habe ich dieses Training auch erarbeitet, um dann selbst davon zu profitieren, wenn ich als Lehrerin an der Grundschule tätig sein werde.
Über Hinweise, Vorschläge und Erfahrungen, im positiven, wie im negativen Sinne, wäre ich Ihnen sehr dankbar.

Literaturverzeichnis

Althof, W. (Hrsg.): *Lawrence Kohlberg. Die Psychologie der Moralentwicklung,* 2.Aufl., Frankfurt am Main 1997.

Baacke, D.: *Die Sechs- bis Zwölfjährigen. Einführung in Probleme des Kindesalters,* 3. Aufl., Weinheim und Basel 1991.

Balser, H., Schrewe, H. & Schaaf, N. (Hrsg.): *Schulprogramm Gewaltprävention. Ergebnisse aktueller Modellversuche,* Berlin u.a. 1997.

Balser, H., Schrewe, H. & Wegricht, R. (Hrsg.): *Regionale Gewaltprävention. Strategien und Erfahrungen,* Berlin u.a. 1997a.

Bandura, A.: *Lernen an Modell. Ansätze zu einer sozial-kognitiven Lerntheorie,* Stuttgart 1976.

Baum, H., Bücken, H. & Starz, S.: *Grundschul-Spielkartei: über 200 Spiele und Spielformen,* hrsg. v. Arbeitsstelle Neues Spielen Bremen, 2. Aufl., Münster 1995.

Beck, R. & Schwarz, G.: *Konfliktmanagement,* Alling 1995.

Becker, G.E.: *Lehrer lösen Konflikte. Ein Studien- und Übungsbuch,* 4.Aufl., Weinheim u.a. 1989.

Becker, H.: *Konflikte in der Schule,* In: *Konflikte in der Kindergruppe. Arbeitsvorschläge zum Thema und weitere Anregungen zum Erzählen, Spielen, Gestalten,* (=Reihe „8-13"), 3.Aufl., Gelnhausen 1983, S.49-68.

Becker, U.: *Von der Störung zur Botschaft. Konflikte im Unterricht mit „minimalen Einstellungsänderungen" beantworten,* In: Pädagogik 49 (1997), Heft 10, S.25-29.

Bergk, M.: *Streitkultur statt Gewalt. Konflikttexte schreiben und spielen,* In: Grundschulunterricht (2002), Heft 1, S.1-19.

Berkel, K.: *Konflikttraining. Konflikte verstehen, analysieren, bewältigen* (=Arbeitshefte Führungspsychologie, Bd.15), 6.durchgesehene Aufl., Heidelberg 1999.

BIL, Berliner Institut für Lehrerfort- und –weiterbildung und Schulentwicklung (Hrsg.): *Echt kraß [!]! Gewalt in uns Gewalt um uns Gewalt,* Berlin 1994.

Braun, G., Hünicke, W., Regniet, M., Schuster, G. & Sprink, E.: Pädagogisches Zentrum Rheinland-Pfalz (Hrsg.): *Streitschlichtung durch Schülerinnen und Schüler. Schüler regeln untereinander gewaltfrei und selbstverantwortlich ihren Streit* (=PZ-Information 6/2000), 3.Aufl., Bad Kreuznach 2002.

Buscheck, H.: *Ich und die Anderen. Überlegungen zur Autonomieentwicklung im Sinne von Ich- und Sozialkompetenz*, In: BIL, Berliner Institut für Lehrerfort- und – weiterbildung (Hrsg.): *Konstruktiv handeln. Basistexte zur Grundschulausstellung zur Verminderung von Gewaltbereitschaft*, Berlin 1994, S.15-21.

Darge, K.: *Gewaltprävention im Kontext von Schulentwicklungsprozessen – eine Pilotstudie*, In: Forschungsgruppe Schulevaluation (Hrsg.): *Gewalt als soziales Problem in Schulen. Die Dresdner Studie: Untersuchungsergebnisse und Präventionsstrategien*, Opladen 1998, S.237-272.

Deutsch, M.: *Konfliktregelung*, München und Basel 1976.

Döring, U.: *Erziehungsziel: In Konflikten lernen*, In: *Konflikte in der Kindergruppe. Arbeitsvorschläge zum Thema und weitere Anregungen zum Erzählen, Spielen, Gestalten*, (=Reihe „8-13"), 3.Aufl., Gelnhausen 1983, S.7-28.

Domahs, U. & Nitschke, S.: *Curriculum für die Mädchengruppe*, In: Welz, E. & Dussa, U. (Hrsg.): *Mädchen sind besser – Jungen auch. Konfliktbewältigung für Mädchen und Jungen. Ein Beitrag zur Förderung sozialer Kompetenzen in der Grundschule* (Bd.II: Curriculum. Spiele und Übungen), Berlin 1998, S.16-43.

Drew, N.: *Kinder lernen zusammen streiten und gemeinsam arbeiten. Ein Mediations- und Gewaltpräventionsprogramm*, Mühlheim an der Ruhr 2000.

Eberhardt, Ch. & Möller, N.: *Streitlotsenausbildung für Schulen. Teamer-Schulung / Netzwerk Streitlotsen. Seminarunterlagen*, 2001.

Faigin, G.: *Mimikzeichnen leichtgemacht*, Köln 1998.

Faller, K., Kerntke, W. & Wackmann, M.: *Konflikte selber lösen. Ein Trainingshandbuch für Mediation und Konfliktmanagement in Schule und Jugendarbeit*, Mühlheim an der Ruhr 1996.

Garz, D.: *Sozialpsychologische Entwicklungstheorien. Von Mead, Piaget und Kohlberg bis zur Gegenwart*, 2.Aufl. Opladen 1994.

Geißler, U.: *Wilde Spiele. Spiele, Spaß und Abenteuer für tobelustige und verwegene Gruppen*, Münster 1995.

Glasl, F.: *Konfliktfähigkeit statt Streitlust!*, 2.Aufl., Dornach 2000.

Glasl, F.: *Konfliktmanagement. Ein Handbuch für Führungskräfte, Beraterinnen und Berater*, 6. ergänzte Aufl., Bern u.a. 1999.

Glasl, F.: *Selbsthilfe in Konflikten. Konzepte - Übungen - Praktische Methoden*, Stuttgart 1998.

Gordon, T.: *Lehrer-Schüler-Konferenz. Wie man Konflikte in der Schule löst*, 3.Aufl. Hamburg 1977.

Gudjons, H.: *Konflikte in der Schule. Bearbeitung und Lösung. Zur Einführung in den Themenschwerpunkt*, In: Pädagogik 49 (1997), Heft 10, S. 6-7.

Gudjons; H. (Hrsg.): *Die Moderationsmethode in Schule und Unterricht*, Hamburg 1998.

Gugel, G.: *Konflikte und Konfliktbearbeitung*, In: Lernende Schule. Für die Praxis pädagogischer Schulentwicklung 17 (2002), S.9-14.

Hagedorn, O. & AG Gewaltfreie Schulkultur: *Von Fall zu Fall. Pädagogische Methoden zur Gewaltminderung*, Berlin 2000.

Hagedorn, O.: *Gefühlsbildung*, In: BIL, Berliner Institut für Lehrerfort- und – weiterbildung (Hrsg.): *Konstruktiv handeln. Basistexte zur Grundschulausstellung zur Verminderung von Gewaltbereitschaft*, Berlin 1994, S.22-25.

Hagedorn, O.: Gefühle ausdrücken, erkennen, mitfühlen. Baustein 2 zur Grundschulausstellung „Konstruktiv Handeln", Berlin 1994a.

Hagedorn, O.: *Hilfe anbieten, annehmen, herbeiholen*, In: BIL, Berliner Institut für Lehrerfort- und –weiterbildung (Hrsg.): *Konstruktiv handeln. Basistexte zur Grundschulausstellung zur Verminderung von Gewaltbereitschaft*, Berlin 1994, S.38-40.

Hagedorn, O.: *Hilfe anbieten, annehmen, herbeiholen. Baustein 4 zur Grundschulausstellung „Konstruktiv Handeln"*, Berlin 1994b.

Held, P.: *Die Kummerlöser. Erfahrungen mit einem Konfliktausschuß*, In: Pädagogik 49 (1997), Heft 10, S.16-22.

Jacob, R.: *Indianergeschichten*, (=Reihe Schmökerbären), Bindlach 2002.

Jasper, W.: *Klassenlehrer - Konfliktbewältiger*, In: Pädagogik 49 (1997), Heft 10, S.23-25.

Jefferys-Duden, K. & Duden, Th.: *Konflikte spielend lösen. Lernspiele für die Streitschlichtung. Eine Spielesammlung für Grund- und weiterführende Schulen*, Weinheim 2001.

Kaiser, H.J.: *Konfliktberatung nach handlungstheoretischen Prinzipien. Entwurf einer Konfliktberatungsstrategie unter Verwendung von Fallstudienmaterial*, Bad Honnef 1979.

Kasper, H.: *Mobbing in der Schule. Probleme annehmen – Konflikte lösen*, 2.Aufl., Weinheim und Basel 1998.

Kempf, W., Frindte, W., Sommer, G. & Spreiter, M. (Hrsg.): *Gewaltfreie Konfliktlösungen. Interdisziplinäre Beiträge zu Theorie und Praxis friedlicher Konfliktbearbeitung*, Heidelberg 1993.

Kindler, W.: *Gewaltprävention durch Schülerinnen und Schüler. Von Schlichtern zu Moderatoren – eine Weiterentwicklung*, In: Lernende Schule. Für die Praxis pädagogischer Schulentwicklung 13 (2001), S.20-23.

Knopf, H. (Hrsg.): *Aggressives Verhalten und Gewalt in der Schule. Prävention und konstruktiver Umgang mit Konflikten*, München 1996.

Korte, J.: *Faustrecht auf dem Schulhof. Über den Umgang mit aggressivem Verhalten in der Schule*, 3.Aufl., Weinheim u.a. 1993.

Korte, J.: *Lernziel Friedfertigkeit. Vorschläge zur Gewaltreduktion in Schulen*, Weinheim u.a. 1994.

Leßmann, B.: *„Ich finde aber, dass ...". Gesprächskultur: persönlichkeitsstärkend!*, In: Grundschulunterricht (2002), Heft 1, S. 20-24.

Martin, L.R.: *Gewalt in Schule und Erziehung. Grundformen der Prävention und Intervention*, Bad Heilbrunn / Obb. 1999.

Melzer, W.: *Aggression und Gewalt in deutschen Schulen. Bilanz der aktuellen Forschung*, In: Lernende Schule. Für die Praxis pädagogischer Schulentwicklung 13 (2001), S.7-9.

Miller, R.: *Umgang mit eigenen Gefühlen*, In: Lernende Schule. Für die Praxis pädagogischer Schulentwicklung 13 (2001), S.30-32.

Neubauer, W.F.: *Analyse interpersonaler Konflikte*, In: Neubauer, W.F., Gampe, H., Knapp, R.: *Konflikte in der Schule. Möglichkeiten und Grenzen kooperativer Entscheidungsfindung*, 4. vollst. überarb. Aufl., Berlin u.a. 1992.

Neubauer, W.F., Gampe, H. & Knapp, R.: *Konflikte in der Schule. Möglichkeiten und Grenzen kooperativer Entscheidungsfindung*, 4. vollst. überarb. Aufl., Berlin u.a. 1992.

Neumann, G. & Vugt, W. van: *Curriculum für die Jungengruppe*, In: Welz, E. & Dussa, U. (Hrsg.): *Mädchen sind besser – Jungen auch. Konfliktbewältigung für Mädchen und Jungen. Ein Beitrag zur Förderung sozialer Kompetenzen in der Grundschule* (= Bd. II: Curriculum. Spiele und Übungen), Berlin 1998, S.44-61.

Olweus, D.: *Gewalt in der Schule. Was Lehrer und Eltern wissen sollten - und tun können*, 2. korrigierte Aufl., Göttingen u.a. 1996.

Perrez, M., Büchel, F., Ischi, N., Patry, J.-L. & Thommen, B.: *Erziehungspsychologische Beratung und Intervention. als Hilfe zur Selbsthilfe in Familie und Schule*, Stuttgart u.a. 1985.

Petermann, F., Jugert, G., Tänzer, U. & Verbeek, D.: *Sozialtraining in der Schule* (=Materialien für die psychologische Praxis), Weinheim 1997.

Petillon, H.: *Das Sozialleben des Schulanfängers. Die Schule aus der Sicht des Kindes*, Weinheim 1993.

Pikas, A.: *Rationale Konfliktlösung*, Heidelberg 1974.

Portmann, R.: Ministerium für Bildung, Frauen und Jugend Rheinland-Pfalz (Hrsg.): *Kinder gestalten Gemeinschaft! Demokratie braucht gegenseitige Achtung und Rechtsbewusstsein. Orientierungshilfen und Praxisbeispiele für die Klassen 3-6*, Mainz.

Rosenberger, S.: *Konflikttheorien*, In: Hierdeis & H., Hug, T. (Hrsg.): *Taschenbuch der Pädagogik*, Bd.3, 4. vollst. überarbeitete und erw. Aufl., Baltmannsweiler 1996, S.980-990.

Rosenstiel, L.v., Molt, W. & Rüttinger, B.: *Organisationspsychologie*, (= Grundriß der Psychologie, Bd. 22), 8.überarb. u. erw. Aufl., Stuttgart u.a. 1995.

Schäfer, M. & Frey, D. (Hrsg.): *Aggression und Gewalt unter Kindern und Jugendlichen*, Göttingen u.a. 1999.

Schottmayer, G.: *Ich-Identität, Soziale Kompetenz und Konfliktfähigkeit. Theoretische Grundlagen*, In: Pädagogik 49 (1997), Heft 10, S.30-36.

Schubarth, W., Kolbe, F.-U. & Willems, H. (Hrsg.): *Gewalt an Schulen. Ausmaß, Bedingungen und Prävention. Quantitative und qualitative Untersuchungen in den alten und neuen Ländern*, (= Reihe Schule und Gesellschaft, Bd.11), Opladen 1996.

Selman, R.L.: *Sozial-kognitives Verständnis*, In: Geuten, D. (Hrsg.): *Perspektivenübernahme und soziales Handeln*, Frankfurt am Main 1982.

Selman, R.L.: *Die Entwicklung des sozialen Verstehens. Entwicklungspsychologische und klinische Untersuchungen*, Frankfurt am Main 1984.

Smith, Ch.A.: *Hauen ist doof. Miteinander-Spiele – Anregungen und Tips für Eltern und Erziehende*, 2.Aufl., Freiburg im Breisgau 1996.

Stenke, D., Bergelt, S. & Börner, F.: *Jungengewalt – Mädchengewalt – ein Exkurs*, In: *Gewalt als soziales Problem in Schulen. Die Dresdner Studie: Untersuchungsergebnisse und Präventionsstrategien*, hrsg. von der Forschungsgruppe Schulevaluation, Opladen 1998, S. 85-114.

Stiefenhofer, M. & Korthues, B.: *Spiele für drinnen und draußen. Ideen für Kinder aller Altersstufen*, Augsburg 2000.

Stoklossa, D.: *Wut im Bauch. Wider die Zurichtung des Jungen zum Krieger*, Freiburg im Breisgau 2001.

Sturzbecher, D.: *Kooperatives Spiel – die beste Präventionsstrategie gegen Gewalt?!*, Handout, Fachvortrag beim Spielmarkt Potsdam Mai 2002.

Tausch, R. & Tausch, A.-M.: *Erziehungspsychologie. Begegnung von Person zu Person*, 11. korrigierte Aufl., Göttingen u.a. 1998.

Tillmann, K.-J., Holler-Nowitzki, B., Holtappels, H.G., Meier, U. & Popp, U.: *Schülergewalt als Schulproblem. Verursachende Bedingungen, Erscheinungsformen und pädagogische Handlungsperspektiven*, 2.Aufl., Weinheim, München 2000.

Valtin, R.: *Streiten und Sich-vertragen. Eine Untersuchung zur Entwicklung sozialer Begriffe bei Kindern*, In: Balhorn, H. & Brügelmann, H.(Hrsg.): *Bedeutungen erfinden im Kopf, mit chrift und miteinander*, Konstanz 1993, S.192-198.

Vopel, K.: *Im Wunderland der Phantasie* (=Kinder ohne Streß, Bd.2), 4.Aufl., Salzhausen 1996.

Wahl, D., Weinert, F.E. & Huber, G.L.: *Psychologie für die Schulpraxis. Ein handlungsorientiertes Lehrbuch für Lehrer*, 6. Aufl., München 1997.

Walker, J.: *Gewaltfreier Umgang mit Konflikten in der Grundschule*, Frankfurt am Main 1995.

Walker, J.: *Gewaltfreier Umgang mit Konflikten in der Sekundarstufe I*, Frankfurt am Main 1995a.

Welz, E. & Dussa, U. (Hrsg.): *Mädchen sind besser – Jungen auch. Konfliktbewältigung für Mädchen und Jungen. Ein Beitrag zur Förderung sozialer Kompetenzen in der Grundschule* (= Bd. II: Curriculum. Spiele und Übungen), Berlin 1998.

Wulf, Ch. (Hrsg.): *Wörterbuch der Erziehung*, (=Serie Piper, Bd. 345) München 1989.

Ziegler, R. & Ziegler, A.: *Gewalt in der (Grund-)Schule: Analysen und pädagogische Konsequenzen*, Aachen 1997.

Zuschlag, B. & Thielke, W.: *Konfliktsituationen im Alltag. Ein Leitfaden für den Umgang mit Konflikten in Beruf und Familie*, 2. ergänzte u. überarb. Aufl., Stuttgart 1989.

Andere Quellen:

Friedensfähigkeit, URL:
http://www.learnline.nrw.de/angebote/friedensfaehigkeit/medio/k9666.htm
(20.11.2002)

Initiativprogramm 2002 der Landesregierung NRW: *Selbstbehauptung und Konflikttraining für Mädchen und Jungen an Schulen*, Merkblatt des Ministeriums URL: http://www.jungenarbeit-koeln.de/initiativprogramm2002_erlass.pdf

Konflikt als Chance, CD-ROM, hrsg. v. Bundesministerium für wirtschaftliche Zusammenarbeit und Entwicklung, 3.ergänzte Aufl., Bonn 2002

Konfliktarten, URL:
http://www.bs.ni.schule.de/~w.matthies/Texte/Politik/Konfliktarten.htm (8.11.2002)

Konflikte XXL. Konstruktive Konfliktbearbeitung als Gewaltprävention, CD-ROM, hrsg. v. Verein für Friedenspädagogik Tübingen e.V., Bundeszentrale für politische Bildung, Aktion „Brot für die Welt", Bonn 2002

Schminder, Ch.: *Gewaltprävention und Schulprogramm* (Berliner Forum Gewaltprävention), URL: http://www.senbjs.berlin.de (Nov. 2002)

Schubert, B.: *Gewaltvorfälle an Berliner Schulen –die große Gewalt wächst aus der kleinen*, Aus: Berliner Forum Gewaltprävention BFG 1/2000, URL: http://www.senbjs.berlin.de (11/2002)

Schulz, R.: *Bildung für eine nachhaltige Entwicklung. Konfliktbearbeitung*, URL: http://www.learn-line.nrw.de/angebote/umweltgesundheit/medio/hinter/.../grund_08.ht (20.11.2002)

Spiele, die Kinder stark machen, URL: http://www.kinder-staerken.de (9.1.2003)

Verein für Friedenspädagogik Tübingen e.V., URL:
http://www.friedenspaedagogik.de (12/2002)

www.ingramcontent.com/pod-product-compliance
Lightning Source LLC
Chambersburg PA
CBHW020123010526
44115CB00008B/944